SCHWESTA EWA

Enthüllungen

SCHWESTA EWA

Enthüllungen

DAS LEBEN FICKT AM HÄRTESTEN

riva

Bibliografische Information der Deutschen Nationalbibliothek
Die Deutsche Nationalbibliothek verzeichnet diese Publikation in der Deutschen Nationalbibliografie. Detaillierte bibliografische Daten sind im Internet über http://d-nb.de abrufbar.

Für Fragen und Anregungen
info@rivaverlag.de

Originalausgabe
5. Auflage 2020

Nymphenburger Straße 86
D-80636 München
Tel.: 089 651285-0
Fax: 089 652096

Redaktion: Antje Steinhäuser, Dennis Sand
Umschlaggestaltung: Isabella Dorsch, München
Umschlagabbildung: © Ondro
Layout: Daniel Förster, Belgern
Satz: Georg Stadler, München
Schmuckelement im Innenteil: shutterstock.com/laschi
Abbildungen im Innenteil: Ewa Malanda
Druck: GGP Media GmbH, Pößneck
Printed in Germany

ISBN Print 978-3-7423-0644-9
ISBN E-Book (PDF) 978-3-7453-0198-4
ISBN E-Book (EPUB, Mobi) 978-3-7453-0199-1

INHALT

PROLOG

Leben bedeutet mehr Träume zu haben, als die Realität zerstören kann. Denn es sind unsere Träume, die uns helfen, die Realität in den Stunden zu überwinden, in denen das Leben am härtesten zuschlägt. Ich weiß, wie sich solche Schläge anfühlen. Ich kenne sie seit meiner Kindheit. Ich erlitt sie in meiner Jugend und in meiner Zeit als Nutte. Ich kenne sie bis heute. Und ich weiß mit Sicherheit, dass kein Bulle, kein Freier und kein scheiß Zuhälter so hart zuschlagen kann, wie das eigene gottverdammte Leben.

Meine Geschichte beginnt mit ihrem Ende, denn meine Geschichte endet, wie sie begonnen hat: in einer undurchsichtigen Mélange aus Gewalt, Prostitution und Verbrechen, die nur zusammengehalten wird von der vagen Hoffnung auf ein besseres Leben. Der Anfang vom Ende dieser Geschichte beginnt in Dortmund im September 2017. Ich war gerade zu Besuch bei Mike. Mike ist der Produzent, mit dem ich an meinem neuen Album arbeitete. Mein zweites Album als Schwesta Ewa. Meine Karriere als Rapperin nahm langsam Fahrt auf. Ich hätte nie gedacht, dass ich mit Musik einmal Geld verdienen könnte, aber so langsam war ich wirklich auf einem guten Weg. Aufmerksamkeit bekam ich zwar von Anfang an, aber mittlerweile nahmen mich die Leute auch als Künstlerin ernst. Oder sagen wir so: Mittlerweile nahmen mich *mehr* Leute als Künstlerin ernst, was wiederum nicht sonderlich schwer war, denn in meiner Anfangszeit als Musikerin war ich für die meisten Leute nichts als ein schlechter Witz. Im besten Fall. Aber das hatte sich geändert. Und mit diesem Album, dass ich mit Mike gerade aufnahm, sollte wirklich auch der letzten Kritiker überzeugt werden. Mir war das wichtig. Denn es ging hier nicht bloß um meine Musik. Es ging hier um mein Leben. Mein Leben, dass sich in den letzten vier Jahren radikal verändert hatte.

Zum ersten Mal schaute ich positiv in die Zukunft. Ich hatte das Gefühl, dass alles auf einem guten Weg war. Ich hatte einen Freund. Ich hatte ein laufendes Business. Ich hatte Zukunftspläne. Eine Perspektive. Etwas, wonach ich mein Leben lang gesucht habe. Und ich wollte diese positive Grundstimmung auf meinem neuen Album einfangen. Wir hatten noch nicht wirklich mit den Arbeiten begonnen. Es gab ein paar Skizzen, ein paar Beats. Aber der Großteil der Arbeit lag noch vor uns. Ich war erst am Vorabend angekommen und den haben wir genutzt, um mit ein paar Freunden auf dem riesigen Grundstück zu grillen. Wir haben bis spät in die Nacht hinein eine große Party gefeiert. Haben getrunken, gekifft und laute Musik gehört. Es waren die letzten Tage eines heißen Sommers. Das Wetter war noch immer verdammt gut und ich kam spät ins Bett. Zu spät. Es war eine verdammt kurze Nacht.

Ich lag also im Gästezimmer von Micha, als ich von einem lauten, einem dumpfen Schlag geweckt wurde. Zuerst dachte ich, ich bilde mir das ein. Aber es hörte nicht auf. Verdammt. Ich schaute auf den Wecker. 5 Uhr. Was zum Teufel ist das für ein Geräusch? Waren das etwa die Bauarbeiter? Mike erwähnte sowas. Irgendwas sollte in seinem Flur umgebaut werden, aber meine Güte, müssen die das um 5 Uhr morgens machen? Richtig unnötig. Ich dachte für einen kurzen Moment darüber nach, rauszugehen und den Jungs eine Ansage zu machen. Aber der Restalkohol hielt mich davon ab. Ich drehte mich um und zog mir das Kissen über den Kopf. Aber das Geräusch hörte nicht auf. Und es wurde immer lauter. PCHH, PCHH, PCHH.

Ich schloss die Augen und versuchte wieder einzuschlafen. Versuchte mich auf etwas anderes zu konzentrieren.

PCHH, PCHH, PCHHH.

Dachte an das Album, das bald kommen würde, an die Beats, an …

PCHHHHH!

Ein lauter Knall. Ich schreckte hoch. Und dann standen plötzlich zwölf maskierte und uniformierte Typen in meinem Zimmer.

»Runter, runter, runter!«, schrien sie mich an. »Auf den Bauch legen, Hände hinter den Kopf!«

Ich war auf einen Schlag hellwach, der Restalkohol komplett verflogen.

»Was ist los?«, fragte ich. »Was geht ab?«

Die Kerle hatten Maschinenpistolen in der Hand, dunkelblaue Uniformen und Schutzwesten. Fuck, dachte ich. Das sind gar keine Bauarbeiter. Das sind Kripos. Ein Sondereinsatzkommando. Die Kerle hatten ein Flutlicht dabei, mit dem sie mir in die Augen leuchteten.

»Baaah, Mann! Mach das aus!«, schrie ich sie an. »Ich werde ja blind.«

Noch während ich das sagte, kam einer der SEK-Typen an mein Bett gelaufen und drückte meinen Kopf in die Kissen.

»Aller, bist du behindert?«, schrie ich. Ich dachte, ich wäre im falschen Film.

Ein zweiter Kerl sprang von hinten auf mich drauf und legte mir Handschellen an.

»Wollt ihr mich verarschen?«, schrie ich. »Ich bin doch keine Terroristin!«

Aber die Typen antworteten nicht. Schrien nur irgendwelche Begriffe in den Raum.

»Alles gesichert!«

»C43 alles klar!«

Ich verstand nichts. Mann, warum schreien die Kerle denn bei SEK-Einsätzen immer so rum? Das war genau wie in den schlechten Hollywood-Filmen. Wenn ihr euch nicht versteht, dann zieht doch einfach eure überdimensionalen Helme ab und redet normal miteinander. Aber ich war wohl gerade nicht in der Position, darüber mit den Kerlen zu debattieren. Ich lag auf meinem Bett, zwei Kerle auf meinem Rücken und zwei Typen vor mir, die ihre Waffen direkt auf meinen Kopf richteten.

»Seid ihr nicht ganz dicht«, schrie ich sie an. »Hier liegt eine nackte, mit Handschellen fixierte Nutte auf dem Bett – was haltet ihr mir eure Waffen ins Gesicht. Was soll ich denn machen?«

Aber statt mir zu antworten, rissen sie mich nur hoch.

»Jungs, kann ich mir vielleicht irgendwas anziehen? Bitte!«

Als sie sich vergewissert hatten, dass ich nirgendwo irgendwelche Tretminen oder Sprengfallen angebracht hatte, dass der Raum also wirklich, ganz wirklich, absolut sicher war, schmissen sie mir einen Bademantel über und führten mich ab. Keiner sprach mit mir. Ich hatte noch immer keine Ahnung was los war.

Als wir durch den großen, langen Flur liefen, kam uns Mike entgegen.

»Ewa, was hast du gemacht?«

»Wie, was habe ich gemacht? Ich werde hier gerade abgeführt, Kollege. Was hast du gemacht?«

Ich war mir komplett sicher, dass das Ganze nur ein Missverständnis sein konnte. Dass die Typen mich verwechselten. Oder dass ich nur ein zufälliges Opfer war. Dass es eigentlich um Mike ging. Was könnte er nur angestellt haben? Hatte er vielleicht Drogen in seiner Riesenvilla gebunkert oder hatte er … oh. In dem Moment fiel mir etwas ein. Janina. Verdammt. *Die* Sache. Ich hatte sie schon ganz vergessen. Janina war eine Stalkerin. Janina war psychisch krank und bettelte seit Monaten um meine Aufmerksamkeit. Als ich sie ihr irgendwann entzog, ist sie ausgerastet und zur Polizei gegangen, wo sie erzählte, dass ich sie verprügelt hätte. Das war natürlich nicht wahr. Aber mir war klar, dass die Polizei irgendwann gegen mich ermitteln könnte, wegen der Sache. Aber das rechtfertigte doch keinen gottverdammten SEK-Einsatz. Oder etwa doch?

Die Cops brachten mich in einen ihrer Wagen, der in der Einfahrt der Villa stand. Ein großer, schwarzer Mannschaftswagen. Sie setzten mich auf eine lange Bank zwischen drei Cops und schlossen die Türen.

»Kann mir mal einer sagen, was hier los ist?«

Schweigen.

»Hallo?«

Der Wagen fuhr los.

»Haaaaallo?«

Nichts. »Mann, Jungs. Ich bin eine Ex-Nutte. Vor ein paar Jahren hättet ihr mich einfach im Internet buchen können, da hättet ihr nicht mit Sturmmaske auflaufen müssen.«

Keiner von den Kerlen reagierte.

Man brachte mich zunächst in Polizeigewahrsam. Eine kleine dreckige Zelle. Auf dem Boden lag eine versiffte Matratze, an den Wänden Graffiti und andere Schmierereien. Ekelhaft. Ich schaute mir die vollgepissten Decken an, die auf der Matratze lagen. Würde ich mich da drauf legen, hätte ich sofort Hepatitis A bis Z. Was ich die ganzen Jahre über im Puff vermeiden konnte, würde ich mir jetzt hier einfangen, dachte ich. Scheiße. Hoffentlich klärt sich das bald. Ich war nervös.

Ich lief in meiner Zelle auf und ab. Ich hasste dieses Gefühl. Das Gefühl eingesperrt zu sein. Das Gefühl nicht zu wissen, was los war. Das konnte doch alles gar nicht wahr sein. Ich fühlte mich wie ein Tiger in einem Käfig. Die Zeit schien überhaupt nicht zu vergehen. Die Minuten wurden zu Stunden und die Stunden fühlten sich an, als wären sie Tage. Ich wurde langsam verrückt. Irgendwann schloss endlich ein Wärter meine Zelle auf.

»Mitkommen«, wies er mich an. Er legte mir wieder Handschellen an und setzte mich in einen Polizeiwagen. Ich wurde vor Gericht gebracht, wo ich einer Untersuchungsrichterin vorgeführt wurde. Man brachte mich in einen kleinen Raum. An den Wänden standen Bücherregale voller Gesetzestexte. In der Mitte des Zimmers war ein Schreibtisch, an dem die Richterin saß. Eine kleine, strenge Frau, mit kurzen, roten Haaren. Sie las mir den Haftbefehl vor.

»Frau Malanda, gegen Sie wird wegen Menschenhandel, Steuerhinterziehung Körperverletzung, Zwangsprostitution, Nötigung und Zuhälterei ermittelt.« Ich schaute auf die Papiere in ihrer Hand. Der Haftbefehl war zwölf Seiten lang. Verdammte Scheiße.

Als die Richterin nach einer gefühlten Ewigkeit fertig war, sagte sie mir, dass ich in Untersuchungshaft komme. »Es besteht Fluchtgefahr«, erläuterte sie mir ihre Entscheidung. Fluchtgefahr? »Das ist doch Quatsch«, sagte ich. »Wohin sollte ich denn fliehen?«

»Nach Polen?« Die Richterin hatte ja überhaupt keine Ahnung. »Was will ich denn in Polen?«, fragte ich. Jeder Zigeuner in den Häfen von Koszalin beherrscht die Sprache besser als ich, ich kann nicht mal Polnisch schreiben und habe in dem Land nur eine zerstrittene Alkoholikerfamilie.«

Die einzige Fluchtgefahr würde bloß dann bestehen, wenn man mich nach Polen abschieben würde. Dann würde ich nämlich zurück nach Deutschland flüchten. Ich bin schließlich schon mein ganzes Leben lang hier.

Doch es brachte nichts.

»Frau Malanda«, sagte die Richterin mit kalter Stimme. »Machen Sie sich darauf gefasst, für eine ziemlich lange Zeit hier einzusitzen.«

»Das ist alles Unsinn«, sagte ich. »Die Vorwürfe sind völlig aus der Luft gegriffen! Dafür können Sie mich nicht einsperren.«

Die Richterin lächelte. »Sie haben ja jetzt ein bisschen Zeit, darüber nachzudenken, warum Sie eingesperrt werden. Vielleicht auch über Ihr ganzes Leben nachzudenken. Alles Weitere wird sich im Prozess klären.« Dann wurde ich in eine Zelle gebracht. Mir hingen die Worte der Richterin noch nach.

Über mein Leben nachdenken. Das hatte ich nie gemacht. Mein Leben war eine Schnellstraße und ich war seit Jahren mit Höchstgeschwindigkeit unterwegs. Ich hatte nie die Gelegenheit, mir darüber klar zu werden, was eigentlich alles passiert war. Wie werden konnte, was war und wie aus dem was war wurde was ist. Leben bedeutet mehr Träume zu haben, als die Realität zerstören kann. Meine Träume kannte ich gut. Aber meine Träume waren der Grund, meine Realität Tag für Tag zu verdrängen. Vielleicht war es Zeit, das zu ändern.

»Hey«, rief ich einen Wärter heran. »Habt ihr Papier für mich?«

»Papier?«

»Ja, Papier. Und einen Stift.«
»Willst du dein Geständnis aufschreiben, Kleine?«
»Sowas in der Art.«

Ich bekam mein Papier. Und fing an zu schreiben. Mein Geständnis. Mein Lebensgeständnis.

TEIL 1

DER BEGINN

Man muss drei Stufen hinaufsteigen, um ganz unten anzukommen. Um einen Blick in den Abgrund zu werfen. Es waren drei Stufen, die zum *Roten Herz* führten, der schäbigsten Kneipe im schäbigsten Viertel von ganz Koszalin. Mitten im Hafen. Am Rand der Stadt. Hier kamen die Menschen hin, die sonst nirgendwo mehr hingehören. Das *Rote Herz* war lieblos eingerichtet. Es standen ein paar Holztische und einige Barhocker herum, an den Wänden hing Schiffsdekoration: vier Paddel, zwei Kapitänsmützen und ein Rettungsreifen. Die Einrichtung war vollgekritzelt, der Boden klebte vom Bier und Dreck und in der Luft lag der Gestank von Schweiß, Alkohol und Zigarettenqualm. Aber jeden Abend war das *Rote Herz* bis auf den letzten Platz gefüllt. Das *Rote Herz* war so etwas wie das Wohnzimmer der Vergessenen. Der vom Leben Vergessenen. Und davon gab es in Koszalin, davon gab es in Polen viele.

Die meisten Menschen, die in diesem Viertel lebten, hatten nichts. Sie besaßen nur das Nötigste und hangelten sich von Tag zu Tag, von Stunde zu Stunde oder von Krise zu Krise. Sie machten sich keine großen Gedanken über ihre Existenz. Lebten einfach vor sich hin und versuchten, irgendwie durchzukommen. Zu überleben. Es waren einfache Menschen. Die wenigsten hatten eine Schulbildung. Noch weniger hatten einen Job. Sie hatten Gelegenheitsjobs. Halfen mal hier, mal dort aus. Und wenn die Sorgen zu groß wurden, gingen diese Menschen in eine Kneipe und soffen sie einfach weg. Die Kneipe war der Mittelpunkt ihres Soziallebens. Der Ort, an dem alles aufeinandertraf, ein Marktplatz der gescheiterten Existenzen. Und das *Rote Herz* war der Ort, an den die

Menschen gingen, die nicht bloß unten, sondern ganz weit unten waren. Das *Rote Herz* war ein Phänomen.

Genau wie meine Mutter. Sie war Bardame in dem Laden. Nacht für Nacht stand sie hinter dem Tresen und versorgte die Gäste mit Bier, Schnaps und harten Sprüchen. Jeder hier kannte sie. Meine Mutter war so eine Art Star der Halbwelt. Und so benahm sie sich auch. Sie war prollig, laut und schmiss mit Geld rum. Ihre Hände waren völlig überladen mit Schmuck. Billiger Fake-Goldschmuck, der sie aber nicht davon abhielt, einem besoffenen Gast ordentlich eine mitzugeben. Die nächtliche Kneipenschlägerei gehörte zum Roten Herz wie der Korn zum Bier. Und meine Mutter mischte immer mit. Sie teilte aus, sie steckte ein, sie schrie herum, sie langte zu. In Koszalin gab man ihr recht schnell den Spitznamen »das Wildschwein«. Und meine Mutter tat alles dafür, ihrem Ruf gerecht zu werden. Sie pflegte ihr Image wie andere Frauen ihre Fingernägel. Als Bardame stand sie im Zentrum des sozialen Lebens der Unterschicht. Sie hatte mit allen möglichen Menschen zu tun. Mit den Aufsteigern, den Absteigern, mit den Dealern, den Zuhältern, den Nutten, dem Abschaum und dem Gesocks. Meine Mutter behandelte sie alle gleich. Sie sagte, ein Mensch sei ein Mensch und einen Menschen bewerte sie nach seinem Verhalten, nicht nach seinem Status. Wenn er sie mit Respekt behandelte, dann behandelte sie ihn auch mit Respekt. Wenn er frech wurde, dann schallerte sie ihm eine. So war meine Mutter. Meine Großeltern hatten ein Problem mit meiner Mutter. Oma war Lehrerin und Opa war Förster und die beiden wollten unbedingt, dass Mama ein Studium absolviert. Tatsächlich begann sie ein Kunststudium. Machte sogar ihr Diplom. Aber nebenbei arbeitete sie viel lieber in der Kneipe. Das war ihre Berufung. Oma und Opa fanden es furchtbar. Erst als sie begriffen, dass Mama mehr Geld verdiente als die beiden zusammen, schlossen sie Frieden mit ihrer Tochter. Den Kneipenjob fanden sie zwar noch immer nicht so toll, aber sie akzeptierten es. Das Geld sprach nun einmal für sich.

Im *Roten Herz* verkehrten auch die Karsanow-Brüder. Jeder in der Stadt kannte die Karsanows. Sieben Brüder, die so ziemlich alles machten, was man machen konnte, um an Geld zu kommen. Diebstahl, Raub, Drogenhandel, Erpressung. Um die Großfamilie rankte sich ein Mythos. Es gab jede Menge Gerüchte. Eigentlich wusste niemand so genau, wer diese Kerle waren. Sie sprachen nicht viel und blieben unter sich. Notgedrungen. Denn es wollte ja auch niemand etwas mit ihnen zu tun haben. Jeder wusste, dass die Karsanows für Ärger standen. Dass sie in Geschäfte verwickelt waren, mit denen man besser nichts zu tun haben wollte, nicht mal hier, nicht mal im *Roten Herzen*. Dem Abgrund von Koszalin. Nur meiner Mutter war das egal. Sie scherte sich nicht um Konventionen und kannte keine Angst. Mit wem sie etwas zu tun hatte und mit wem nicht, das entschied sie selbst. Das Gerede der Leute kümmerte sie wenig, denn über sie wurde ja sowieso gesprochen, und vielleicht genoss meine Mutter es auch ein wenig, im Gespräch zu bleiben. Sie hing viel mit den Karsanows ab. Und irgendwann verliebte sie sich in den ältesten der Bande. Es war ein eher kurzes Abenteuer. Drei Monate, nachdem sie mit ihrem neuen Freund angebandelt hatte, wurde sie schwanger. Und drei Monate, nachdem sie schwanger geworden war, stürmte die Polizei die Wohnung von meinem Vater und verhaftete ihn. Warum sie das taten, ist vielleicht das größte ungelüftete Geheimnis meines Lebens. Ich habe so oft versucht, es herauszufinden, habe mit so vielen Verwandten gesprochen. Aber das Einzige, was ich herausfinden konnte, war, dass mein Vater etwas sehr, sehr Schlimmes getan hätte. Etwas, das so schlimm war, dass meine Mutter sich vor Rache fürchtete. Da mein Vater im Gefängnis war, wäre sie das Opfer geworden. Also tauchte sie unter. Am 16. Juli 1984 kam ich auf die Welt. Kurz darauf verließen wir die Stadt. Und verschwanden von der Bildfläche.

Bis heute hat meine Mutter mit mir niemals über diese Zeit gesprochen. Ich weiß nur, dass wir wie die Zigeuner von Stadt zu Stadt gereist sind. Drei Jahre lang. Die ersten Erinnerungen, die ich an mein Leben habe, sind Erinnerungen an die Angst. Es sind unkonkrete Erinnerungen. Mehr Gefühle als Bilder. Ich weiß, dass wir keinen festen Wohnsitz hatten. Dass wir mal bei Freunden, mal bei Verwandten untergekommen sind. Ich weiß nicht, ob ich diese Gefühle aus den Erzählungen konstruiere oder ob ich sie wirklich so hatte. Aber ich bilde mir noch heute ein zu wissen, wie ich mich damals gefühlt habe. Drei Jahre ging das so. Drei Jahre reisten wir kreuz und quer durch das Land. Ohne Geld. Ohne Schutz. Ohne Perspektive. Und irgendwann hatte meine Mutter genug von dem ewigen Versteckspiel. Sie wollte weg aus Polen. Endgültig. Sie wollte ein normales Leben führen. Ein Leben, in dem sie mit ihrer kleinen Tochter nicht ständig auf der Flucht war. Mit meinem Vater hatte sie sowieso überhaupt keinen Kontakt mehr. Aber er hatte noch drei Jungs aus einer vorherigen Beziehung, mit denen Mama eine lose Verbindung hielt. Ich selbst habe sie erst viel später kennengelernt – alle drei sitzen im Knast und unser Kontakt besteht darin, dass ich ihnen immer mal wieder Playstationspiele, Musik und Geld schicke.

Um einen Ausweg zu finden, ging Mama erst mal zurück nach Koszalin, zurück in das Rote Herz, und ließ dort alle ihre Kontakte spielen. Da wir in einer Hafenstadt lebten, hatte meine Mutter jede Menge Kontakte zu Matrosen, und niemand auf dieser Welt wusste besser, wie man aus Polen wegkommt, als ein Matrose. Einer von ihnen war Mama wohl noch einen großen Gefallen schuldig. Er hatte gute Connections und schaffte es, uns eine Greencard für die Vereinigten Staaten zu besorgen. Wir würden also in die USA gehen. Ich war noch zu klein, um zu begreifen, was das bedeutete. Aber meine Mutter freute sich wahnsinnig. Sie sprach von einem Neuanfang. Von einer neuen Chance. Meine Mutter packte alles zusammen. Alles was wir hatten. Es war nicht viel. Sie stopfte sämtliche Klamotten in unsere zwei Taschen: Jacken, Hosen, T-Shirts, Pullover. Dazu noch ein paar Thunfisch-Dosen und die zwei Flugtickets nach New York. Dann stiegen wir in einen Zug und fuhren nach Berlin.

Als wir am Bahnhof Zoo ausstiegen, betraten wir nicht nur ein anderes Land, wir betraten eine ganz neue Welt. Ich hatte schon viel gesehen.

Viel Dreck, viel Leid, viel Elend. Aber das hier, das war größer und dreckiger und elendiger als alles, was es in Polen gab. Im Bahnhof saßen überall Menschen auf dem Boden. Menschen, die gar nicht mehr aussahen wie Menschen. Menschen, die wirkten, als wären sie Zombies. Sie lagen einfach da und starrten in die Luft. Ich konnte das nicht begreifen. Verstand nicht, was mit ihnen los war. Waren sie krank? Ich wusste es nicht. Ich wusste nur, dass sie mir fürchterliche Angst machten. Als wir den Bahnhof verließen wurde es auch nicht besser. Draußen standen leichtbekleidete Frauen und Mädchen mit Minirock, Netzstrumpfhose und BH. Es regnete. Aber sie standen trotzdem dort und das miese Wetter schien sie überhaupt nicht zu stören. Vielleicht konnten sie sich einfach keine Jacken leisten, dachte ich mir. Manchmal hielt ein Wagen an und die Mädchen stiegen ein und verschwanden dann. Es schien fast so, als würden sie auf die Autos warten, die sie mitnahmen. Ich begriff es nicht. Mir war alles so fremd. Und alle hier sprachen eine Sprache, die ich nicht verstand. Ich fühlte mich völlig überfordert und klammerte mich an den Händen meiner Mutter fest.

Mama nahm das gar nicht wahr. Sie war in Gedanken ganz woanders. Wir liefen ein wenig durch die Stadt. Berlin war größer und furchteinflößender als alle anderen Städte, die ich bisher gesehen hatte. Es waren so viele Menschen, so viele Eindrücke, die ich kaum verarbeiten konnte.

»Wir gehen uns jetzt etwas zu essen besorgen«, sagte meine Mutter irgendwann und zeigte auf einen Laden. »Edeka« stand da in leuchtenden Buchstaben. Das Geschäft war sehr groß. Sehr sauber. Sehr aufgeräumt. Das kannte ich nicht aus Polen. Dort waren Lebensmittelläden immer klein und vollgestopft und meistens auch ziemlich dreckig. Wir streiften durch die Gänge, gingen zu den Kühlregalen und Mama nahm sich einige Packungen Wurst und Käse und steckte sie in eine ihrer beiden großen Taschen. Sie tat das ganz selbstverständlich. Für mich war das nichts Außergewöhnliches. Meine Mutter hatte auch in Polen geklaut. Das war in meinen Augen ganz normal. Ich wusste zwar, dass andere Menschen normalerweise mit den Waren zur Kasse gingen und sie dort bezahlten, aber für Mama galten nun einmal andere Regeln. Das war schon immer so und ich habe das nie wirklich hinterfragt. In einem der Gänge stand ein Aufsteller, der aussah wie eine Mickey Maus und in dem kleinen vergitterten Kasten vor dem Aufsteller lagen ganze viele bunte Kinder-Walkmans, die auch aussahen wie Mickey Maus. Die Ohren waren die Lautsprecher und die Nase der Play-Button.

»Den will ich haben«, sagte ich und blieb stehen. Mama seufzte und steckte den Walkman in die Tasche. Dann verließen wir den Supermarkt.

»Moment«, rief uns jemand hinterher, als wir gerade durch die Schiebetür gingen.

Ich begriff nicht, was er sagte, weil ich noch kein Wort Deutsch konnte, aber ich ahnte, dass er wollte, das wir stehen bleiben. »Geh weiter«, flüsterte mir meine Mutter auf Polnisch zu.

»Halt!«, rief der Mann jetzt etwas bestimmter und griff meine Mutter an der Schulter.

Mama versuchte ihn sofort mit einem polnischen Redeschwall mundtot zu machen. Sie plapperte irgendetwas vor sich hin. Sehr laut, sehr aggressiv. Aber es funktionierte nicht. Der Typ ließ sich nicht beeindrucken und riss ihr eine der beiden Taschen aus der Hand.

»Pomoc, Pomoc!«, schrie meine Mutter laut auf Polnisch und machte ein fürchterliches Drama. »Hilfe, Hilfe, Hilfe!«

Ich wusste nicht, was ich tun sollte. Am liebsten wäre ich den Kerl angesprungen und hätte ihm die Augen ausgekratzt. Aber ich wartete auf ein Zeichen von Mama.

»Nix Hilfe«, entgegnete der Mann. »Ladendetektiv. Und Sie: Diebin!« Er zog den Walkman und den Käse und die Wurst aus der Tasche. »Mitkommen.« Mama wehrte sich noch ein wenig, merkte dann aber wohl, dass es sinnlos war. Der Typ hatte seinen Punkt und das nahmen auch die anderen Menschen wahr. Mama gab Ruhe und folgte dem Mann.

Er führte uns in einen kleinen Hinterraum, wo er uns Fragen stellte. Wir verstanden gar nichts. Er versuchte es in verschiedenen Sprachen, versuchte zu gestikulieren. Nichts. Es hatte keinen Sinn. Aber selbst wenn meine Mutter ihn verstanden hätte, sie wäre wahrscheinlich trotzdem nicht bereit gewesen zu kooperieren. Nach einer guten Stunde ließ uns der Ladendetektiv alleine. »Ihr bleibt hier«, sagte er. Mama lächelte. »Nie mit diesen Leuten reden«, gab sie mir als Lektion mit. »Manchmal regelt sich auch alles von ganz alleine. Wenn man einfach nur die Klappe hält.«

Ich nickte und schaute mich in dem kleinen Zimmer um. Ein paar Stühle, ein Metalltisch und an der Wand stand ein vollgestopftes Regal mit Ordnern und Akten. Es war alles andere als gemütlich.

»Wann können wir hier weg?«, fragte ich.

»Bald bestimmt«, antwortete Mama. Ich schaute auf die Uhr, die an der Wand hing. Sie war kaputt. Der Sekundenzeiger tickte bloß auf der Stelle. Mama und ich schwiegen uns an. Dann kamen drei Männer in den Raum.

»Kurwa!«, fluchte Mama. Es war die Polizei. Sie hatte wohl gehofft, dass der Detektiv uns einfach so laufen ließ. Stattdessen rief er die Polizei und die nahmen uns mit und setzten uns auf die Rückbank ihres Polizeiwagens. Ich schaute aus dem Fenster und sah, wie wir langsam durch die regennassen Straßen fuhren. In den Pfützen spiegelten sich die Lichter der Stadt. Die Sonne ging langsam unter, als wir auf dem Revier ankamen. Es war ein großer, sehr hektischer Raum. Überall standen Schreibtische und an diesen Schreibtischen saßen Polizisten, die hektisch telefonierten. Die Polizisten brachten meine Mutter in einen kleinen Raum, wo man sie erneut verhörte. Um mich kümmerte sich derweil eine Frau in Uniform. Sie brachte mir Stifte und Papier und wollte mit mir etwas malen. Aber ich hatte keine Lust zu malen. Ich wollte zu meiner Mutter. Ich hatte keine Ahnung, was sie mit ihr machen würden. Die Polizistin sprach auf mich ein, aber ich verstand kein Wort. Es war eine ewig lange Tortur. Zwar ließ man uns am Ende des Tages gehen, aber wir hatten nicht bloß unseren Flug verpasst – auch die Greencard wurde uns gestrichen. »Nix mehr können reisen USA«, machte uns der Bulle in Idiotendeutsch klar. Und konnte sich dabei ein blödes Lächeln nicht verkneifen.

»Was machen wir jetzt, Mama?«

»Ich weiß es nicht«, sagte sie. Der Polizist hatte ihr noch eine Karte mit einer Adresse in die Hand gedrückt. Das war ein Asylantenheim. Dort durften wir für zwei Nächte erst einmal bleiben. Am nächsten Morgen liefen wir durch die halbe Stadt auf der Suche nach einer Telefonzelle.

»Ruf mich, wenn jemand kommt«, sagte Mama, ging in den gelben Kasten rein. Ich fragte mich, wo Mama das alles gelernt hatte. Sie telefonierte eine gute Stunde herum. Als sie wieder aus dem gelben Kasten kam, sagte sie mir, dass wir morgen nach Kiel fahren würden. Dort wohnte die Freundin einer Freundin, die uns eine Unterkunft besorgen könnte. Ich nickte. Dann gingen wir zurück in das Asylantenheim und ich legte mich auf die dreckige Matratze und dachte nach.

Wir würden also nach Kiel ziehen. Ich versuchte mir den Namen der Stadt zu merken. Kiel. Eine Hafenstadt. Im Norden. Direkt am Meer. Das war alles, was meine Mutter mir erzählte. Aber diese paar Sätze reichten schon aus, um meine Fantasie anzuregen. Kiel war vielleicht nicht Amerika, aber Kiel, egal wie Kiel war, Kiel war auf jeden Fall besser als Berlin. Alles war besser als Berlin. Ich hatte das Bild von einer felsigen Küste vor Augen, dachte an riesige Schiffe, die im Hafen anlegten, dachte an Kapitäne und Matrosen, die in Kneipen saßen und von ihren Abenteuern erzählten. Das war für mich Kiel. Ich war wahnsinnig gespannt und konnte es kaum noch erwarten.

Ich half meiner Mutter, unsere Klamotten wieder in die beiden verschlissenen Taschen zu stopfen, die wir dabeihatten. Da wir unseren Besitz in den letzten Tagen noch um ein wenig zusätzliches Diebesgut angereichert hatten, kamen wir jetzt auf zwei große Taschen und vier vollgestopfte Aldi-Tüten. Als wir fertig waren, legte ich mich in das kleine Bett im Asylheim, schloss meine Augen und dachte an Kiel.

Dachte an unsere Zukunft, die hoffentlich besser werden würde als unsere Vergangenheit, die uns in die ziemlich unerträgliche Gegenwart führte, in der wir uns gerade befanden. Ich schlief ein und träumte von dem Meer.

Am nächsten Morgen weckte Mama mich.

»Steh auf«, sagte sie grob. »Wir müssen los.«

Ich schnappte mir die ganzen Aldi-Tüten und folgte meiner Mutter, die mit den schweren Taschen voranging. Wir liefen quer durch Berlin, liefen an einer langen Hauptstraße entlang, liefen durch riesige Häuserschluchten, vorbei an den vielen Menschen, die mich unfreundlich anstarrten, und kamen endlich an einem großen Busbahnhof an. Mama gab mir ein Zeichen, dass ich die Tüten ablegen konnte. Wir setzten uns neben unser Gepäck auf den Boden und warteten. Die Zeit verging. Menschen gingen an uns vorbei, ohne uns zu beachten. Irgendwann nahm ich sie gar nicht mehr wahr. Sah nur noch ihre Schuhe. Mama wirkte die ganze Zeit sehr nachdenklich. Ich wusste nicht, was sie bedrückte. Warum freute sie sich nicht? Es war doch ein Abenteuer, das auf uns wartete. Eine große, aufregende Hafenstadt, die wir noch erkunden könnten. Aber Mama hatte schlechte Laune. Die ganze Fahrt über sprach sie kein Wort, schaute nur aus dem Fenster und starrte auf die Autobahn. Irgendetwas machte ihr Sorgen. Ich merkte, dass es in ihrem Kopf arbeitete.

Nach ein paar Stunden erreichten wir endlich Kiel. Unser neues Zuhause. Es war kalt und regnerisch. Der Wind wehte noch ein bisschen schärfer als in Berlin.

»Wo gehen wir jetzt hin, Mama?«

Meine Mutter antwortete mir nicht. Sie stand einfach nur am Bahnhof und schaute sich um. Die Zeit verging. Eine Stunde. Zwei Stunden. Drei Stunden. Sie legte ihr Gesicht in die Hände und schüttelte nur den Kopf. Dann raffte sie sich auf und suchte nach einer Telefonzelle. Ich musste draußen warten. Mama telefonierte nicht sehr lange, aber dafür umso lauter. Ich verstand nicht genau, was sie sagte. Aber sie sagte es sehr, sehr wütend. Sie kam mit einem hochroten Kopf aus der kleinen gelben Box.

Die Abmachung mit der Freundin von Mamas Freundin war wohl doch noch nicht so konkret gewesen, wie es zunächst klang. Sie wollte uns eigentlich abholen. Aber daraus wurde offenbar nichts.

»Planänderung«, sagte Mama, nahm mich an die Hand und zog mich hinter sich her. Wir folgten einfach den anderen Menschen, die mit aufgezogenen Kapuzen und großen Regenschirmen über dem Kopf alle in dieselbe Richtung liefen. Irgendwann erreichten wir die Innenstadt.

»Mama, wo gehen wir denn jetzt hin?«, fragte ich sie noch mal. Ich ging davon aus, dass sie einen Plan hätte. Auch wenn es ein geänderter Plan war, aber meine Mama hatte immer irgendeinen Plan.

»Da«, sagte sie und zeigte auf ein großes Gebäude mit leuchtenden, grünen Buchstaben an der Fassade.

»Was ist das?«

»Ein Kaufhaus.«

Es sah sehr edel aus. Der Boden war mit hellen Fliesen ausgelegt, überall standen symmetrisch angeordnet kleine Regale mit Parfums und Kosmetika. Es roch ganz toll. Die Menschen hier trugen Klamotten, die sehr teuer aussahen. »Gaff nicht so«, motzte Mama und fuhr mit mir die Rolltreppen hoch und runter, bis wir die Abteilung gefunden hatten, die sie offenbar suchte. Die Camping-Abteilung.

»Such dir einen aus«, sagte sie.

Ich schaute sie fragend an.

»Na los.«

Sie zeigte auf den Tisch mit den vielen bunten Schlafsäcken. Ich wühlte ein wenig herum, bis ich einen mit einem Mumien-Aufdruck in den Händen hielt. In so einem comicartigen Ägypten-Style. Das fand ich schick.

»Den da«, sagte ich.

Meine Mutter nickte, griff nach dem Mumienschlafsack und stopfte ihn umständlich in eine der Aldi-Tüten. Dann verließen wir den Laden, als wäre gar nichts passiert. Draußen gab sie mir unsere Beute.

»Hier, Ewa, pass gut darauf auf. Das ist jetzt erstmal dein neues Bett.«

Ich verstand nicht so wirklich, was sie mir damit sagen wollte, aber ich traute mich auch nicht zu fragen. Mama würde schon einen Plan haben. Ich war mir ganz sicher.

Dann marschierten wir weiter. Raus aus der Innenstadt. Die Straßen und die Häuser waren sehr viel kleiner als Berlin. Das hatte ich erwartet. Aber wo waren die Schiffe? Die Seemänner? Ich fing an, Kiel ziemlich enttäuschend zu finden. Wir liefen durch die Stadt. Irrten im Regen umher, bis wir irgendwann einen größeren Park fanden.

»Hier«, sagte meine Mutter. »Hier wohnen wir jetzt.«

Ich schaute mich um. Der Park war leer. Das lag wahrscheinlich an dem miesen Wetter, bei dem kaum jemand unterwegs war. Nur ein paar vereinzelte Gestalten führten ihre Hunde aus. Der Park bestand aus vielen großen Wiesen, die durch Gehwege und kleine Seen voneinander getrennt waren. Der Boden war von dem Regen schon ziemlich aufgeweicht. Und überall standen Bäume, die nach und nach ihre Blätter verloren. Aber Häuser sah ich hier keine. Wo bitte würden wir denn hier wohnen, fragte ich mich. Und was war bloß aus der Freundin von Mamas Freundin geworden?

Wir gingen zu einer Parkbank, wo Mama alle Tüten und Taschen abstellte.

»Setz dich. Warte hier. Und pass bloß auf unsere Sachen auf, hörst du?«

»Ja, Mama.«

Ich zog die Taschen und die Aldi-Tüten und den Mumienschlafsack ganz nah an mich heran und ließ unseren Besitz nicht aus den Augen.

Ich sah, wie sie zwischen den Bäumen verschwand. »Wo gehst du hin?«, rief ich Mama noch hinterher. Aber sie antwortete nicht mehr. Zum Glück hatte der Regen mittlerweile aufgehört. Eigentlich war die Ecke ja ganz schön, dachte ich. Wenn wir hier ein kleines Haus hätten, dann ließe es sich doch gut leben. Und wenn das Wetter gut wäre, würden bestimmt auch viele andere Kinder kommen, mit denen ich spielen könnte. Ich stellte mir vor, wie das wohl wäre: ein normales Leben zu führen. Freunde zu haben. Das kannte ich alles nicht. Ich kannte nur das

Leben auf der Flucht. Während ich mir vorstellte, wie meine Zukunft in Kiel wohl aussehen könnte, kam ein Mann auf mich zu. Er war groß, ziemlich dünn und ungepflegt. Er hatte komische Beulen im Gesicht. Er bewegt sich langsam, aber er kam näher. Ich fixierte ihn und griff instinktiv nach unseren Tüten und den Taschen. Ich war bereit, sie zur Not mit meinem Leben zu verteidigen. Ich hatte ja auch keine Wahl. Wenn er sie klauen würde, würde Mama mich sowieso umbringen. Der Kerl wirkte nicht ganz zurechnungsfähig. Er torkelte und hatte seinen Blick nur auf die Tüten gerichtet.

»Na«, schrie er und murmelte etwas vor sich hin.

Ich verstand nicht, was der Mann sagte, aber je näher er kam, desto unruhiger wurde ich. Langsam schleppte er sich in Richtung Parkbank. Ich schaute mich um, schaute ob hier irgendjemand war, der mir helfen konnte, schaute, ob hier irgendetwas rumlag, mit dem ich mich wehren könnte. Der Mann kam näher. Ich griff nach einem kleinen Ast auf dem Boden. Wieder rief mir der Mann etwas zu. Ich verstand es nicht. Niemand war hier. Ich wickelte mir die Schlaufen unserer Taschen um die Hände und zog alle Sachen ganz nah an mich heran. Ich zitterte. Mein Herz schlug wie verrückt. Jetzt stand der Kerl direkt vor mir. Er beugte sich zu mir runter. Ich kauerte mich komplett zusammen. Roch seinen Atem. Er stank nach Alkohol. Ich schloss die Augen und spürte wie die Schlaufen der Taschen in meine Haut schnitten, spürte, wie Panik in mir aufstieg. Was hatte er vor? Würde er …

»Ey!«, hörte ich die dumpfe Stimme meiner Mutter und schreckte genauso zusammen wie der Typ mit den Beulen im Gesicht.

»Verpiss dich, du elendiger Junkie!«, fluchte Mama auf Polnisch und der Kerl zog ab. Sie kam aus dem kleinen Wäldchen und hatte eine paar Pappkartons in der Hand. Gut, dass sie wieder da war.

»Was ist ein Junkie, Mama?«

»Ach, das wirst du noch früh genug erfahren«, sagte sie und schmiss mir die Pappe vor die Füße.

»Was ist das?«

»Unsere Wohnung.«

Ich schaute Mama fragend an.

»Na los, hilf schon mit.«

Und dann bauten wir die Kartons auf. So wie ein kleines Häuschen. Wir benutzten sie wie ein Dach und legten uns darunter. Ich hüllte mich in meinen Mumienschlafsack und Mama deckte sich mit drei Pullovern zu.

»Wohnen wir jetzt für immer hier?«, fragte ich sie nur.

»Vorübergehend.«

Ich fing an, Kiel ziemlich schrecklich zu finden. Das hatte ich mir alles doch ganz anders vorgestellt.

Die Nacht war furchtbar. Es war kalt und unbequem und ich traute mich nicht, die Augen zu schließen. Außerhalb unseres Pappkartonhauses gab es eintausend Geräusche, die ich nicht zuordnen konnte. Ich hatte schreckliche Angst, von einem Wolf oder einem Fuchs oder irgendeinem anderen Tier einfach aufgefressen zu werden. Mama hätte es nicht einmal bemerkt. Sie schlief tief und fest. Sie bekam einfach gar nichts mit. Erst als die Sonne langsam aufging, wurde sie wach. Sie stupste mich an und gab mir zu verstehen, dass ich aufstehen soll. Dann falteten wir unser Haus wieder auf Pappkartongröße zusammen und liefen durch die Stadt, um uns ein Frühstück zusammenzuklauen. Aufschnitt, Brot und Milch. Wir setzten uns auf eine Bank und aßen. Wir sprachen kein Wort. Ich wusste nicht, wie es weitergehen sollte. Ich wollte Mama auch nicht fragen. Sie wirkte sowieso schon so genervt. Sie würde schon einen Plan haben. Mama hatte doch immer einen Plan. Als wir fertig waren, zogen wir weiter und suchten uns ein Schwimmbad, in dem wir uns frisch machen konnten. So haben wir das auch schon in Polen gemacht. Entweder bezahlten wir den Eintritt, oder wir kletterten einfach irgendwo über einen Zaun. Dieses Mal bezahlten wir. Mama hatte sich die Dollar für Amerika, die sie aus Polen mitgebracht hatte, in Berlin schon in Deutsche Mark umtauschen lassen. Im Schwimmbad duschten wir, zogen uns saubere Klamotten an und nutzten das Münztelefon, um noch einmal bei Mamas Freundin anzurufen, die versprach, uns eine richtige Unterkunft zu besorgen. Den Nachmittag klauten wir noch ein paar Vorräte zusammen. Am Abend gingen wir wieder in den Park zurück, bauten unser Pappkartonhaus auf und schliefen im Freien. Einige Wochen lang lebten wir so. Dann hatte uns die Freundin von meiner Mutter endlich eine richtige Unterkunft besorgt.

Wir durften in ein Frauenhaus ziehen.

Das Haus lag etwas außerhalb der Stadt in einem kleinen Waldgebiet versteckt. Frauenhäuser sind Anlaufstellen für Frauen und Kinder, die häuslicher Gewalt ausgesetzt sind. Die Schutz suchen vor Männern, die sie verprügeln. Ich weiß nicht, was Mamas Freundin den Betreibern da erzählt hatte, aber man gab uns ein Zimmer, auch wenn wir eigentlich gar nicht verfolgt wurden. Das Haus hatte zwei Stockwerke. Unten gab es eine große Küche und einen Gemeinschaftsraum. Oben war ein langer Flur mit vielen einzelnen Zimmern und in jedem Zimmer wohnten ein, zwei oder drei Frauen gemeinsam. Ich wusste nicht wieso, aber Mama und ich waren von Anfang an die Außenseiter im Frauenhaus. Die anderen Frauen mieden uns. Wenn wir uns im Gemeinschaftsraum an den Tisch setzten, setzten sie sich demonstrativ weg. Man gab uns zu verstehen, dass wir nicht so wirklich willkommen waren. Ich verstand nicht, woran das lag. Die Frauen hier kannten uns doch gar nicht. Und wir hatten ihn nichts getan. Im Gegenteil: Mama war wahnsinnig freundlich. Sogar für ihre Verhältnisse. Sie gab sich wirklich Mühe. Ich war zwar froh, dass wir nicht mehr auf der Straße leben mussten, aber so wirklich wohl fühlte ich mich im Frauenhaus auch nicht. Es war ein Klima der Feindseligkeit, was uns entgegengebracht wurde.

Nach einigen Wochen im Frauenhaus wurde ich krank. Vielleicht waren das noch die Spätfolgen von unserer Zeit im Park. Ich bekam jedenfalls hohes Fieber und hatte furchtbare Bauchschmerzen. Es wurde so schlimm, dass sogar Mama sich um mich sorgte. Und eigentlich sorgte sich Mama nie um mich. Ich lag im Bett und hatte unfassbare Schmerzen. Ich schwitzte. Ich konnte nicht mehr klar denken. Alles vor meinen Augen verschwamm. Ich war mir gar nicht mehr sicher ob ich wach war, oder ob ich träumte. Ich dachte wirklich, ich müsste sterben.

Meine Mutter machte einen Waschlappen nass und legte ihn mir auf die Stirn. Sie saß die ganze Zeit an meinem Bett und hielt meine Hand. Es half nichts. Mein Zustand wurde immer schlimmer und Mama immer verzweifelter. Als ich wieder einen Fieberschub bekam, lief sie aus dem Zimmer und rief eine der älteren Frau zu uns. Es hieß, dass sie eine pensionierte Ärztin sei. Das hatte meine Mutter irgendwo aufgeschnappt. Sie gab der älteren Frau mit Händen und Füßen zu verstehen, dass sie mir doch bitte irgendwie helfen sollte. Meine Mutter konnte ja noch kein richtiges Deutsch sprechen.

Die Frau schaute meine Mutter mit hochgezogenen Augenbrauen an. »Was wollen Sie denn von mir?«, fragte sie und betonte in dem Satz jedes Wort übertrieben lang. »Was. Wollen. Sie?«

Mama zeigte auf mich und versuchte es mit den paar Sprachfetzen, die sie zusammenbekam. »Bitte. Helfen. Meine Tochter nicht gut«, sagte sie.

Die Frau schüttelte den Kopf. »Sagen Sie, glauben Sie, ich spreche Spanisch oder was? Wir sind hier in Deutschland! Da müssen Sie auch Deutsch mit mir sprechen, wenn Sie etwas wollen!«

Meine Mutter flehte sie an, sie kniete sich auf den Boden und bettelte, dass die Frau doch endlich etwas tun sollte. Die Alte schaute mich an und sah, wie ich vor mich hin litt. Sie seufzte. Anscheinend war sie wirklich Ärztin. Und irgendwie kämpfte der Berufsethos mit dem Fremdenhass in ihr.

»Warte«, sagte sie zu mir, als würde ich in meinem Zustand irgendwo hingehen können. Naja, vielleicht meinte sie damit auch »Stirb nicht, bis ich wieder da bin.« Die Frau ging in ihr Zimmer und kam mit einer großen Tasche zurück. Dann untersuchte sie mich und legte mir zwei Tabletten in den Mund, die ich mit einem Glas Wasser runterspülte. »Zwei Stück davon am Tag«, sagte sie zu meiner Mutter und gab ihr die Packung in die Hand. »Z-w-e-i S-t-ü-c-k«, wiederholte sie dann langsam mit aufgerissenen Augen und zwei vorgestreckten Fingern, als wären wir geistig zurückgeblieben. »Ver-ste-hen Sie das?«

Meine Mutter nickte.

»Gut!«, sagte die Frau. »Wenigstens etwas.« Dann verließ sie das Zimmer.

Mama beschimpfte sie den restlichen Tag auf Polnisch, gab mir die Tabletten, und es ging mir langsam besser. An diesem Abend verstand ich, was das Problem war. Warum wir so gemieden wurden. Mama und ich waren die einzigen Ausländer hier. Alle anderen Frauen waren Deutsche. Und das war für sie offenbar ein Problem. Sie gaben uns zu verstehen, dass wir anders waren.

Die Vorbehalte der Frauen waren schlimm. Aber sie waren nichts gegen das Mobbing der Kinder. Es war nicht so, dass die Kinder mich nicht mochten. Es war so, dass die Kinder mich hassten. Und dieser Hass wurde von Tag zu Tag schlimmer. Am Anfang ließen sie mich einfach nicht mitspielen. Ich musste am Rand sitzen und zuschauen. Aber irgendwann hatten die Kinder den Dreh raus, dass es noch viel lustiger wäre mich zu quälen, als mich bloß zu ignorieren.

»Ewa, komm mal her«, riefen sie, als sie gerade auf der Wiese fangen spielten. Sie hatten vorher irgendwas abgesprochen, das hatte ich genau gesehen. Vielleicht hatten sie sich gemeinsam entschlossen, mich doch mitspielen zu lassen? Darauf hoffte ich ja seit Tagen.

»Komm her!«, winkten sie mich heran. Ich war ein bisschen nervös, ging dann aber doch mit einem guten Gefühl auf die Mädchen zu.

»Stell dich an den Baum«, sagten sie. Ich verstand nicht, was sie wollten. Ich hatte bisher nur ein paar wenige Worte Deutsch aufgeschnappt. »An den Baum. B-a-u-m«, wiederholten sie und zeigten auf die große Eiche, die mitten im Garten stand. Ich ging unsicher zu dem Baum.

»Und jetzt mach die Augen zu.«

Ich starrte die Mädchen an.

»Mann, ist die doof. Augen zu. A-u-g-e-n z-u!« Sie hielten sich demonstrativ die Hände vors Gesicht und ich verstand jetzt, was sie wollten und machte es nach. Die Mädchen holten ein Seil und banden mich fest. Dann liefen sie um den Baum herum, beschmierten mich mit Ketchup und sangen. So lernte ich auch die ersten deutschen Wörter: »Scheiß Polacken«. Ich wusste damals noch nicht genau, was es bedeutete, aber ich ahnte, dass es nichts Gutes war, denn die Kinder sangen es, während sie um mich herumtanzten und mich auslachten. Ich versuchte, mir einen Rest Optimismus zu bewahren. Vielleicht war das ja Teil des Spiels, sprach ich mir selbst Mut zu. Aber ich verlor die Hoffnung, als die Kinder »Scheiß Polacken« singend weggingen und die nächsten paar Stunden nicht mehr zurückkamen. Meine Mutter entdeckte mich irgendwann zufällig am Baum und band mich dann wieder los.

Am nächsten Tag wurde ich mit Joghurt beschmissen. Und wieder sagten die Kinder das »Polacken«-Wort. Ich hasste es. Ich wusste nicht genau, was es bedeutete, aber es wurde immer in Momenten ausgesprochen, in denen man mich demütigte. Ich hasste das Wort. Ich hasste die Kinder. Und am meisten hasste ich Tim. Tim war eigentlich schon viel zu alt für das Frauenhaus. Jungs dürfen in einem Frauenhaus nur wohnen, bis sie vierzehn werden. Aber aus irgendeinem Grund wurde für Tim eine Sonderregelung gefunden und er blieb mit seiner Mutter trotzdem da. Tim war ein Sadist. Er liebte es, mich zu quälen. Tag für Tag. Wenn ich dann doch einmal mit den anderen Kindern Fangen spielen durfte, schubste er mich so brutal zur Seite, dass ich hinfiel und mir beide Knie aufschürfte. Und einmal, da ging mir Tim unter den Rock.

»Wenn du das jemandem verrätst, kriegst du Schläge, verstanden?«

Mein Deutsch reichte mittlerweile aus, um zumindest zu ahnen, was er meinte. Ich hielt die Klappe.

Ein paar Tage später hatte ich Geburtstag. Ich wurde vom Frauenhaus gefragt, was ich mir denn wünschen würde. »Einen Regenschirm«, sagte ich. »Ein Regenschirm?«, hakte eine der Betreuerinnen nach. »Das ist ja ein ungewöhnlicher Wunsch.« Ich nickte schüchtern. Ich wünschte mir den Regenschirm, damit wir geschützt waren, sollten Mama und ich eines Tages wieder im Freien leben müssen. Ich stellte mich darauf ein, dass das irgendwann wieder passieren könnte. Während sich die anderen

Kinder irgendein Spielzeug wünschten, dachte ich schon früh sehr pragmatisch. Und tatsächlich: Ich bekam meinen Regenschirm. Er war bunt und mit Papageien bedruckt. Ich freute mich wahnsinnig darüber, aber als die anderen Kinder das ungewöhnliche Geschenk sahen, lachten sie mich aus und nahmen es erneut zum Anlass mich fertigzumachen. Das war also mein erster Geburtstag im Frauenhaus.

Wir waren jetzt seit sechs Monaten in Deutschland. Und ich fing mittlerweile an, die Sprache zu sprechen und Kiel von ganzem Herzen zu hassen. Es gab nur wenige Lichtblicke. Wenige gute Momente. So wie das verlängerte Wochenende, an dem wir Besuch aus Polen bekamen. Ein Teil der Familie wollte sehen, wie wir so lebten, wie sich alles entwickelt hatte. Meine drei Cousins waren auch dabei. Bartek, Sebastian und David. Ich liebte die Jungs. Wir waren alle im gleichen Alter und lagen voll auf derselben Wellenlinie. Ich konnte mit ihnen so richtig Spaß haben und schon als ich erfahren habe, dass sie kommen würden, hatte ich mir einen Plan zurechtgelegt. Ich wollte ihnen den Bauernhof zeigen. Bei uns in der Gegend gab es so eine Art Streichelzoo für Kinder. Das war ein Jugendbauernhof. Eine Art soziales Projekt für Kinder. Da konnte man Baumhäuser bauen, Tiere streicheln und gemeinsam Backen. Auf dem Jugendbauernhof standen Pferde, Ziegen, Schweine und Hasen rum und mit denen konnte man spielen und sie füttern. Ich wusste, dass es das in Polen nicht gab. Ich wusste, dass ich die Jungs damit wirklich beeindrucken konnte. Um die Spannung ein bisschen aufzubauen, plante ich den Besuch erst für den dritten Tag ein. Und jeden Tag machte ich sie heiß auf den Bauernhof. »Und die Ziegen kann man echt füttern?«, fragten sie völlig ungläubig.

»Ja, die fressen dir richtig aus der Hand!«, erzählte ich. »Und die Hasen auch. Und den Pferden kannst du Gras geben.«

Meine Cousins waren richtig heiß auf die Aktion. Am dritten Tag war es endlich soweit. Wir liefen den ganzen Weg zu Fuß. Es waren einige Kilometer, wir waren eine gute Stunde unterwegs. Es war ein heißer Frühlingstag. Die Sonne schien, der Himmel war blau. Keine einzige Wolke zu sehen. Perfektes Wetter. Ich wollte, dass dieser Tag zu einem absoluten Highlight wurde. Wir gingen über die weite, grüne Wiese und sahen die Häuser von dem Bauernhof schon am Horizont.

»Da ist es!«, sagte ich stolz.

»Ich freu mich auf die Pferde«, sagte mein Cousin Bartek.

Ich grinste. Ich fand meine Cousins wirklich cool. Und es war eine große Sache für mich, sie einmal so richtig beeindrucken zu können.

Als wir an das große Eingangstor kamen, standen da zwei Jungs, die ich noch aus dem Kindergarten kannte. Tim und Tom. Zwei Brüder. Sie hatten beide so einen albernen Topfschnitt und ein Zöpfchen.

»Was willst du hier?«, fragten sie mich.

»Ich will meinen Cousins den Bauernhof zeigen.«

»Nein«, sagten sie. »Ihr dürft hier nicht hin.«

»Warum nicht?«

»Weil ihr Ausländer seid.«

Tom winkte die anderen Kinder zusammen, die auf dem Hof waren. Sie stellten sich alle an das Tor.

»Red kein Scheiß«, sagte ich wütend.

»Ausländer raus«, fing Tom an zu skandieren. »Ausländer raus! Ausländer raus!«

Tim stimmte ein. »Ausländer raus! Ausländer raus! Ausländer raus!« Auch die anderen Kinder brüllten mit. Sie starrten uns an.

»Was sagen die, Ewa?«, fragte mich mein Cousin auf Polnisch.

»Ach …«

»Ausländer raus! Ausländer raus! Ausländer raus!«

»Sie sagen, dass es heute nicht so gut ist. Weil die Pferde krank sind.«

»Ausländer raus! Aus–«

»Wir sollten jetzt besser gehen.«

»Aber was ist denn mit den Hasen? Und was singen die anderen Kinder da?«, hakte mein anderer Cousin nach.

»Sie singen ein Lied für die Pferde. Wir sollten jetzt gehen. Und ein anderes Mal wiederkommen. Es ist wirklich nicht so gut gerade. Die Pferde müssen sich ausruhen.«

Wir zogen ab. Und der Gesang der Kinder verfolgte uns noch die gesamte Strecke über. Ich hatte eine unfassbare Wut im Bauch. Und irgendetwas veränderte sich in meinem Kopf: Ja, wir waren in den Augen der anderen Kinder vielleicht dumme Polacken. Aber wir Polacken ließen uns nichts verbieten. Also überlegte ich mir einen Plan B. Wir fuhren einfach abends, als die Sonne untergegangen und die anderen Kids weg waren, nochmal zu dem Hof, stiegen über den Zaun und spielten mit den Hasen. Ungestört. Meine Cousins waren zufrieden. Mit Tim und Tom hatte ich aber noch eine Rechnung offen.

Ich war froh, wenn wir nicht im Frauenhaus sein mussten. Ich war froh, wenn wir woanders waren. Und das waren wir meist bei unseren Diebestouren.

Die Diebestouren kannte ich ja schon von früher. Aber in dieser Zeit brachte mir Mama das Klauen so richtig bei. Wir machten gemeinsame Sache. Wir gingen zusammen zu einem DM-Markt und stellten uns vor ein Regal mit Schminkutensilien. Meine Mutter zeigte mit dem Finger auf sieben Gegenstände. Rouge, Mascara, Lippenstift, Abschminktücher …

Ich nahm die Sachen und steckte sie in meine Jackentasche.

Mama brachte mir eine Strategie bei: »Wenn du klaust«, sagte sie, »dann klau so auffällig, wie es nur geht.«

Ich nickte.

»Wenn es total offensichtlich ist, wird niemand etwas sagen.«

Mama nannte das die Dreistigkeits-Theorie. Wer ganz besonders dreist im Leben ist, der kommt spielend leicht mit allem durch.

Ich verstand nicht, warum das so war, aber es funktionierte tatsächlich. Wir steckten die Sachen, die wir haben wollten, einfach ein. Mit einer Selbstverständlichkeit, als würden sie uns gehören. Und niemand, wirklich niemand sagte einen Ton.

Im Laufe der Jahre, auch als wir schon längst nicht mehr im Frauenhaus wohnten, wurde ich immer dreister. Später, als ich schon ein Teenager war, bin ich mit schweren Kartons im Arm an der Media-Markt-Kasse vorbeigelaufen. Ich sagte zu der Kassiererin noch, dass sie mir die kleine Schranke öffnen solle. Sie machte es, ohne groß darüber nachzudenken. Wenn hier ein Mädchen dermaßen auffällig mit einem DVD-Player rausläuft, dann kann es schließlich gar nicht sein, dass sie ihn geklaut hat. So dreist ist doch wirklich niemand. Dachten die Leute.

Sein Name war Günther Müller. Wir trafen uns häufig mit ihm. Und er schien meine Mutter wirklich zu mögen. Er ging mit uns einkaufen. Er machte Mama und mir kleine Geschenke, und irgendwann, da zogen wir bei Günther Müller ein.

Auch wenn ich mich über die Geschenke freute, mochte ich Günther Müller nicht sonderlich. Er gab mir zu verstehen, dass er meine Mutter sehr liebte, ich für ihn aber nur ein lästiges Anhängsel war. Aber alles, wirklich alles, war besser, als weiter im Frauenhaus zu wohnen. Die Menschen dort haben mich verrückt gemacht. Und in seiner Wohnung hatte ich auch endlich ein eigenes Zimmer. Nach einem Jahr heiratete meine Mama Günther. Von diesem Tag an hieß ich Ewa Müller. Und sehr bald wurde Mama schwanger. Ich bekam zwei Halbbrüder. Dennis und Marco.

In diesem Jahr kam ich auch in den Kindergarten. Ich war fünf Jahre alt. Und ich fand es schrecklich. Der Kindergarten war bloß eine Fortsetzung von dem Frauenhaus, dass ich doch eigentlich hinter mir gelassen hatte. Auch dort wurde ich einfach nicht akzeptiert. Ich weiß nicht, was ich den Kindern getan hatte, aber sie hassten mich. Sie ließen mich nicht mitspielen. Sie beschimpften mich wieder als »blöde Polackin« und behandelten mich wie eine Außenseiterin. Dabei gab ich mir doch so viel Mühe. Je mehr ich zurückgewiesen wurde, desto mehr Wut staute sich in mir auf. Ich schluckte sie immer und immer wieder runter. Bis ich irgendwann nicht mehr konnte. Es war an einem Montag und ich packte gerade mein Frühstücksbrot mit Frischkäse und Schnittlauch aus, als die anderen Kinder wieder anfingen zu lachen.

»Warum lacht ihr?«, fragte ich böse.

»Da ist Gras auf deinem Brot«, sagte ein dicker Junge, der mich besonders gerne hänselte.

»Das ist kein Gras!«

»Doch, Gras.«

»Halt die Klappe«, schimpfte ich.

»Guckt mal«, rief der Dicke jetzt die anderen Kinder zusammen. »Ewa frisst Gras. Sie ist eine Kuh.«

Die anderen lachten.

»Halt die Klappe!«, forderte ich ihn zum letzten Mal auf.

»Muuuh.«

Dann bretterte ich ihm eine. Ich wusste nicht, wie ich ihn sonst still kriegen sollte. Er hörte ja nicht. Der Dicke fing sofort an zu heulen und verpetzte mich bei der Kindergärtnerin. Und die bestellte natürlich meine Mutter ein. Mama gab sich verständnisvoll, sagte der Frau, dass sie mit mir reden würden. Zu Hause verprügelte sie mich dann. Mal wieder. Prügel war nichts Ungewöhnliches.

Bei uns gab es drei Varianten von Mama-Prügelstrafe. Bambusstock-Prügel, Ledergürtel-Prügel und Kabel-Prügel. Je nachdem, wie schwer mein Vergehen war, kamen die unterschiedlichen Instrumente zum Einsatz. Den Bambusstock benutzte sie nur relativ selten, weil er eigentlich meinem Wellensittich gehörte, aber wenn Mama wirklich sauer war, dann öffnete sie den Käfig, holte den Stock raus und vermöbelte mich damit.

Ich wurde wegen jeder Kleinigkeit gebrettert. Einmal, da sah ich Mama zu, wie sie auf dem Balkon Blumen pflanzte. Sie hatte einen länglichen Topf mit Erde gefüllt und die Blumen auf die Erde gelegt. Dann ging sie in die Küche. Ich schaute mir den Topf an. Ich schaute mir die

Blümchen an. Sie lagen da einfach auf der Erde. Das war doch nicht Sinn der Sache, dachte ich. Die Blumen müssen doch stehen. Ich verstand als Kind noch nicht, dass sie sich selbst einwurzeln würden. Woher sollte ich das auch wissen? Ich wollte Mama eine Freude machen und stellte die Blumen im Topf auf. Es war eine ganz schöne Fleißarbeit. Als ich fertig war, lief ich in die Küche und holte Mama, um ihr zu zeigen, was ich gemacht hatte.

»Bist du bescheuert?«, schrie sie mich an. »Wieso hast du die Blumen da aufgestellt?«

»Blumen müssen stehen, die sollen nicht schlafen«, verteidigte ich mich.

Aber schon an Mamas Ton war mir klar, dass ich irgendeinen Fehler gemacht haben muss. Der Gürtel kam zum Einsatz.

Eine Woche später fiel mir beim Spielen eine von Mamas Vasen auf den Boden. Sie zersprang in tausend Teile. Ich wusste natürlich, was das bedeutete. Ich brauchte mir keine Illusionen zu machen. Etwas kaputt zu machen – das war schon Kabel-Niveau. Kabel war das Schlimmste. Da Mama noch nicht zu Hause war, überlegte ich mir etwas. Ich versteckte das Kabel im Ofen, zog mich aus und umwickelte mich mit allen Handtüchern, die wir im Badezimmer rumliegen hatten. Dann zwängte ich mich wieder in meine Klamotten. Sollte sie mich doch schlagen, die Handtücher würden den Schmerz ein wenig lindern.

Als Mama dann nach Hause kam und mich sah, wie ich wie so ein Michelinmännchen auf der Couch saß und sie traurig anschaute, neben mir die zusammengekehrten Scherben der Vase, da passierte etwas Merkwürdiges. Sie lachte. Dann nahm sie mich in den Arm. Ich weiß nicht, woran es lag, vielleicht hatte sie ganz besonders gute Laune an diesem Tag, vielleicht gab ich auch einfach ein so erbärmliches Bild ab, aber irgendwie hatte sie wohl Mitleid mit mir. Sie umarmte mich und sagte, dass es schon okay wäre. Ich hätte die Vase ja nicht extra kaputt gemacht.

»Natürlich nicht, Mama.«

»Weißt du was, Ewa. Ich backe uns jetzt einen schönen Kuchen.«

Wow. Ich war ziemlich überrascht. Mein Plan schien mehr als aufgegangen zu sein. Ich konnte mich nicht nur der Bestrafung entziehen – ich bekam sogar noch einen Kuchen. Und dann auch noch meinen absoluten Lieblingskuchen, einen polnischen Käsekuchen mit Rosinen. So was war noch nie zuvor passiert. Ich strahlte. Ich war wirklich richtig happy. Ich half meiner Mutter die Backmischung vorzubereiten, schob sie selbst in den Ofen und ging dann mit ihr ins Wohnzimmer, wo wir ein bisschen Fernsehen schauten. Nach einer halben Stunde bemerkte ich einen komischen Geruch. Es roch … verbrannt. Ich schaute Richtung Küche und – oh Mann! Da kamen dicke, schwarze Rauchwolken aus dem Ofen.

Mama sprang sofort auf, stellte den Ofen ab und schaute, was da passiert ist. Wie konnte der Kuchen denn so schnell … Oh. Mir wurde ganz schlecht. Das war gar nicht der Kuchen, wurde mir plötzlich bewusst. Das war …

»*Ewa!*« schrie meine Mutter und kam mit rotem Gesicht ins Wohnzimmer gelaufen. An diesem Abend kassierte ich die Schläge meines Lebens. Mit dem verschmorten Kabel, von dem ich dachte, ich hätte es besonders gut versteckt.

Durch die ständige Gewalt zu Hause bekam ich irgendeinen psychologischen Knacks. Und ein eigenes Aggressionsproblem. Als ich in die Grundschule kam, wurde es immer schlimmer. Ich rastete plötzlich wegen jeder Kleinigkeit aus, schubste andere Schüler, schrie herum und hatte das Gefühl, ich dürfte mir einfach nichts mehr gefallen lassen. Meine Klassenlehrerin bekam das alles mit und entschied sich, mich zu einem Kinderpsychologen zu schicken. Zu Doktor Hoffmann. Doktor Hoffmann war ein großer, älterer Herr, der wahnsinnig nett und verständnisvoll war und gar nicht aussah wie man sich einen Psychologen so vorstellte. Ganz im Gegenteil. Er trug Hemden und Jeans, dazu Sneaker und war einfach ein lässiger Typ. Ich war jeden Donnerstag Nachmittag bei ihm und eigentlich verbrachten wir die meiste Zeit nur mit spielen und reden. Doktor Hoffmann war cool. Er war wahnsinnig cool.

»Hey Ewa«, sprach mich eines Tages eine meiner wenigen Freundinnen an, die ich in dieser Zeit hatte. »Hast du heute schon etwas vor?«

Tina wohnte eine Straße von mir entfernt und wir verbrachten fast jeden Nachmittag zusammen. Außer an den Donnerstagen. Mama hatte mir gesagt, ich solle niemandem etwas von meinen Sessions mit Doktor Hoffmann erzählen. Keine Ahnung wieso, aber ich hielt mich dran. Bis jetzt. Ich dachte, Mama wird schon ihre Gründe haben, aber ich dachte auch Tina könnte ich es ja erzählen. Weil Doktor Hoffmann halt cool war. Also nahm ich sie einfach mit. Und wir gingen zusammen zu Doktor Hoffmann.

»Und?« fragte ich sie als wir seine Praxis nach zwei Stunden wieder verließen.

»Er ist echt cool«, bestätigte sie. Wir hatten die Zeit damit verbracht Bilder zu malen und Doktor Hoffmann fragte Tina ganz viele Fragen über mich.

»Ich muss meinen Eltern erzählen wie cool der ist …«, freute sich Tina und lief nach Hause. Und ich freute mich auch. Vielleicht dürfte Tina ja nächste Woche wieder mitkommen?

Doch daraus wurde nichts.

Um genau zu sein: Aus unserer gesamten Freundschaft wurde nichts mehr.

Denn die Eltern von Tina bekamen schnell raus, dass Doktor Hoffmann nicht einfach irgendein cooler Freund, sondern eigentlich ein Psychologe war und das fanden sie dann doch etwas merkwürdig und von diesem Tag an, durfte Tina nicht mehr mit mir spielen.

»Warum denn nicht?«, fragte ich sie betrübt auf dem Schulhof.

»Meine Eltern haben gesagt, dass der Mann ein Arzt für Plemplem-Leute ist. Und mit solchen Leuten darf ich nicht spielen.«

Das machte mich unfassbar traurig und ich bettelte meine Mama an, dass ich nicht mehr zu dem Plemplem-Arzt gehen müsste.

Das einzig Schöne, woran ich mich aus dieser Zeit erinnere, waren die Stunden im Familia. Das Familia war ein großer, stadtbekannter Einkaufsladen. Wie Real. Dort gab es alles: Lebensmittel, Klamotten, aber auch jede Menge Spielzeug. Was wir Kinder aber am meisten an dem Laden liebten, war Peter. Peter war ein älterer, schlaksiger Mann, der dort als Wagenschieber arbeitete. Er sammelte die Einkaufswagen wieder ein und schob sie zusammen. Eine einfache Hilfskraft, mit einem besonderen Status. Denn er kümmerte sich immer um die Kinder, die in den Laden kamen. Es gab eine kleine Bastelecke. Dort setzte er sich zu uns und malte etwas oder schnitt irgendwelche Figürchen oder Collagen aus bunter Pappe aus. Er passte auf die Kinder auf, während die Eltern ihre Einkäufe machten. Jeder hier liebte Peter. Er war wirklich ein herzensguter Typ. Zumindest wirkte er wie ein wirklich herzensguter Typ.

Einmal fragte Peter mich, ob ich nicht Lust hätte, an der großen Fahrradtour am Wochenende teilzunehmen. Ich war mittlerweile sieben Jahre alt. Alle anderen Kinder würden auch kommen. Man würde einmal durch den Wald fahren und dann wieder nach Hause. Was für eine Frage! Natürlich hatte ich Lust mitzumachen. Ich hatte ja eh nicht allzu viele Freunde oder soziale Kontakte. Da war so ein gemeinsamer Ausflug eine wirklich große Sache. Ich überredete Mama, dass ich unbedingt mitfahren wollte. Sie zuckte nur mit den Schultern. »Okay«, sagte sie schließlich. »Aber mach deine Klamotten nicht dreckig.«

Am nächsten Tag ging ich bei Familia vorbei und überbrachte Peter die guten Nachrichten.

»Ich darf mitkommen«, strahlte ich.

»Super!«, freute er sich auch und fragte mich nach unserer Adresse. »Ich hole dich dann am Sonntag um 10 Uhr ab. Und zieh dir einen Helm auf!«, sagte er noch.

»Klar!«

Ich zählte die Tage bis zum Wochenende. Ich freute mich wirklich wahnsinnig auf die Tour. Ich hatte nur Angst, dass Mama es sich kurzfristig noch einmal anders überlegte und es mir doch nicht erlauben würde. Ich versuchte also die gesamte Zeit bis zum Sonntag so brav wie nur möglich zu sein und nichts kaputt zu machen. Es klappte.

Am Sonntag um Punkt 10 Uhr stand Peter vor unserer Haustüre. Ich verabschiedete mich von Mama und stieg auf mein Fahrrad.

»Wo sind die anderen?«, fragte ich Peter, als mir auffiel, dass gar keine weiteren Kinder da waren.

»Die warten schon am Teich!«, antwortete er und lachte. »Darum müssen wir uns auch beeilen.«

»Okay«, sagte ich und fuhr ihm hinterher. Mama winkte mir noch vom Fenster aus zu.

Es war wirklich ein extrem heißer Junitag. Wir fuhren durch den Wald zu dem kleinen Weiher. Doch dort waren auch keine anderen Kinder. Das kam mir ziemlich merkwürdig vor. Ich traute mich aber nicht zu fragen. Ich wollte Peter nicht wütend machen. Er fuhr in eine ziemlich versteckte Ecke an diesem kleinen, flachen Teich, wo das Schilf sehr hoch stand, und legte da sein Fahrrad ab. Dann baute er sich vor mir auf.

»Weißt du, Ewa. Die Wahrheit ist, da kommen gar keine anderen Kinder heute mehr. Ich wollte nur mit dir alleine sein.«

Ich wusste nicht, wie er das meinte. Vielleicht sollte es ein Kompliment sein. Aber es war mir unheimlich. Er strich über mein Gesicht.

»Ziemlich heiß heute, oder? Vielleicht sollten wir ein paar Klamotten ausziehen?«

»Ich will das nicht«, sagte ich noch, aber da spürte ich schon überall seine Hände.

Als er mir die Jeans auszog, fing er an zu lachen. »Du trägst ja eine Jungs-Unterhose«. Die hatten Mama und ich noch ein paar Tage vorher aus der Altkleidersammlung gezogen. Ich schämte mich sehr. Dann zog er mir auch die Unterhose aus und vergewaltigte mich.

Wir lagen im Gras und während er mich penetrierte, flog eine Libelle vorbei.

»Du musst aufpassen, Ewa. Wenn die dich beißt, dann bist du tot.«

Auch das noch, dachte ich.

Während er mich vergewaltigte, weinte ich nicht. Ich wehrte mich auch nicht. Ich hatte viel zu viel Angst, dass Peter noch böser werden und mich vor Wut im Teich ertränken könnte. Aber ich betete. Ich betete zu Gott, dass er mich beschützen würde. Dass er mir helfen würde. Aber er half mir nicht. Und je länger alles dauerte, desto mehr war ich von Gott enttäuscht. Ich stellte mir vor, wie er oben in seinem Himmel saß und bei meiner Vergewaltigung zuschaute, als wäre sie ein Kinofilm. Ich war stinksauer auf Gott.

Als Peter fertig war, ließ er mich einfach zurück. Ich starrte noch einige Zeit in den Teich, in welchem ein umgedrehter Familia-Wagen stand. Ich fragte mich, ob dies sein Platz wäre. Peters Platz. Peters Teich. Ob er hier schon mehrere unschuldige Mädchen hingebracht hatte. Ich fragte mich, ob wohl eines der Mädchen im Teich lag. Auf dem Boden. Und der Einkaufswagen nur deshalb da stand, um das tote Mädchen unten zu halten, da sie natürlich nicht gesehen werden und nicht an die Wasseroberfläche auftauchen durfte. Und ich fragte mich, ob er den Einkaufswagen jemals wieder zurück nach Familia bringen würde, denn das war ja eigentlich sein Job. Komische Fragen, die sich ein siebenjähriges Mädchen stellt. Dann suchte ich meine Klamotten zusammen und suchte mein Fahrrad, das irgendwo im Gras lag, und versuchte, mich zu orientieren. Ich wusste nicht wirklich, wie ich nach Hause kommen sollte. Ich hatte solche Schmerzen, dass ich nicht mehr auf das Fahrrad steigen konnte. Ich schob es ein paar Stunden willkürlich durch die Gegend. Dann kam ich an einer Brücke vorbei, die ich kannte. Von dort aus fand ich nach Hause.

Ich schaute an mir runter. Meine Jeans war rot gewesen von dem Blut. Mittlerweile war das Blut ganz dunkel, fast schwarz geworden. Ich wusste, dass ich dafür Ärger bekommen würde. Ich lehnte das Fahrrad an den Ständer, klingelte und meine Mutter drückte die Tür auf. Ich sprang in mein Zimmer, zog mich sofort um und verdrängte die

Schmerzen. Ich durfte mir nichts anmerken lassen, dachte ich mir. Ich wollte Mama nicht beunruhigen. Sie war wahrscheinlich sowieso schon wütend, weil ich zu spät nach Hause gekommen war. Ich schlich mich ins Badezimmer, schmiss meine Klamotten in die Waschmaschine und stopfte mir ganz viel Toilettenpapier in meine blutige Unterhose.

Vielleicht würde Mama es ja nicht merken, hoffte ich. Doch sie bekam es natürlich mit.

Sie rief mir aus der Küche etwas zu.

»Was machst du an der Waschmaschine? Hast du dich wieder schmutzig gemacht? Ich habe dir doch gesagt, du sollst …« Sie hielt inne. »*Ewa*«, schrie sie. Das war kein positives »Ewa«. Das war ein nach sehr viel Ärger klingendes »Ewa!«

Ich zog mir schnell etwas anderes an und lief dann zu ihr. »Was ist denn Ma–«

»Du hast dein verdammtes Fahrrad nicht abgeschlossen! Erst letzte Woche hat man dir dein Skateboard geklaut! Lernst du es denn nie, Kurwa?«

Sie lief rot an und suchte nach etwas. Ich wusste, dass es das Kabel war. Unachtsamkeit gegenüber Wertgegenständen ist kabelwürdig. Ich war allerdings noch so benommen, dass ich die Schläge gar nicht mehr so richtig spürte.

Die Stimmung zu Hause war auch sonst nicht wirklich gut. Günther Müller konnte mich nicht leiden. Um genau zu sein, hasste er mich. Zumindest hatte ich das Gefühl. Vielleicht lag es daran, dass unsere Mentalität nicht zu seiner Mentalität passte. Er war Deutscher. Und er erfüllte jedes Klischee, an das man bei einem Deutschen nur denken konnte. Er war sehr strukturiert und auf Ordnung bedacht. Es gab feste Zeiten, zu denen wir alle am Tisch sitzen mussten, um Abendbrot zu essen. Jeden Abend um 19 Uhr hatten meine Hausaufgaben fertig zu sein. Alles musste durchgeplant werden. Mama und ich kamen damit nicht gut zurecht. Unser Leben war immer anders abgelaufen. Wir waren es gewohnt, in den Moment hinein zu leben, weil wir ein Leben lang gezwungen waren zu überleben. Wir waren auf der Flucht, wir waren obdachlos, wir durften in ein Asylantenheim ziehen und bekamen kurz danach einen Platz im Frauenhaus. Unser bisheriges Leben war ein ziemliches Chaos, in dem es nichts zu strukturieren gab. Das änderte sich mit Günther Müller. Und es war ein kleiner Kulturschock. Trotzdem hatte auch dieser ordentliche Deutsche seine Aussetzer. Und die kamen nachts. Günther Müller war ein Säufer. Nach dem dritten Bier fing er an, seine Bürgerlichkeit abzulegen. Man konnte es ihm von Bier zu Bier mehr ansehen. Erst wurde die Nase rot. Dann der Kopf. Und dann gab es Ärger. Er suchte Streit. Hauptsächlich mit Mama. Er fing an rumzubrüllen und um sich zu schlagen. Meine Mutter verteilte dann Ohrfeigen und ich bin auf ihn raufgesprungen, um sie zu unterstützen. Ich konnte natürlich nichts ausrichten. Aber ich musste zumindest versuchen, Mama zu verteidigen. So ging es täglich zu bei uns. Kriegsszenen in der heimischen Küche.

Immer wieder kam nachts die Polizei in unsere Wohnung. Weil die Nachbarn das Geschrei nicht mehr aushielten. Günther Müller wurde dann abgeführt und in die Ausnüchterungszelle gebracht. Das war das Schlimmste für mich. Nicht weil die Polizeieinsätze mich traumatisiert hätten. Sie waren mir egal. Aber Günther Müller hatte seine Klamotten in einem Schrank in meinem Zimmer gelagert. Und wenn er nachts völlig besoffen in mein Zimmer kam, weil die Polizei ihn mal wieder mitnehmen wollte, ließ er seine Wut an mir aus und machte irgendwas kaputt. Am liebsten meine Spielkonsole, mein Sega Mega Drive. Er schnitt dann einfach die Kabel durch. Vielleicht wollte er, dass andere Leute auch leiden müssen, wenn er leidet. Darum sprang ich jedes Mal, wenn es nachts an der Tür klingelte, auf und bettelte die Polizisten an, dass sie ihn nicht alleine in mein Zimmer ließen, weil er irgendwas kaputt machen würde. Sie belächelten mich. Aber ich hatte Recht. Jedes Mal waren die verdammten Kabel einfach durchgeschnitten. So ein Mist!

Das Verhältnis zu ihm war schwierig. Und trotzdem heiratete meine Mutter ihn. Vielleicht weil sie auf diese Weise die deutsche Staatsangehörigkeit bekam. Vielleicht, weil sie ihn wirklich liebte.

Ich hingegen tat alles, um Günther Müller loszuwerden. Ich erzählte Mama, dass er mit anderen Frauen flirten würde, und ihm erzählte ich, dass Mama andere Männer hätte. Aber es funktionierte nicht.

Er glaubte mit sowieso nichts. Wir lebten die meiste Zeit auch einfach aneinander vorbei. Einmal gingen wir zusammen einkaufen. Im DM-Markt. Als wir an der Schminkabteilung vorbeigingen, erinnerte ich mich an meine Diebstahl-Schulung. Ich hatte in meinem Kopf noch genau abgespeichert, auf welche Sachen Mama damals gezeigt hatte. Ich wollte ihr eine Freude machen und klaute sie erneut für sie.

Als wir den Laden verließen, blieb Günther Müller plötzlich vor seinem Auto stehen.

»Warte«, sagte er und schaute mich an. »Hast du es getan?«

»Was getan?«

»Hast du etwas geklaut? Aus dem Laden?«

Ich schaute ihn an. »Ja, klar.«

Er schüttelte den Kopf. »Das gibt es doch nicht! Los, Taschen ausleeren.«

»Aber warum?«, fragte ich. Ich verstand es nicht. Wo war das Problem?

»Los, Ewa! Leer deine Taschen aus.«

Er zwang mich, alles, was ich hatte mitgehen lassen, in die Ecke eines Gebäudes zu legen, an dem wir vorbeikamen. Ich konnte es nicht glauben. Das ganze schöne Schminkzeug. Es sollte doch ein Geschenk für Mama werden. Die Schwachsinnsaktion brach mir das Herz. Ich verstand nicht, was sein verdammtes Problem war. Als ich nach Hause kam, fiel ich weinend meiner Mutter in den Arm und erzählte ihr, was passiert war.

Sie strich mir über den Kopf. Ich sah ihr an, dass es auch ihr wehtat. »Mach dir nichts draus, Ewa«, sagte sie dann. »Er ist nicht wie wir. Er versteht das nicht. Er wird sowas nie verstehen.«

Am Abend fuhr ich mit meinem Fahrrad noch einmal in die Innenstadt, um die Schminksachen doch noch von der Häuserecke abzuholen. Aber es war natürlich schon weg. Irgendjemand hatte es mitgenommen. Das Leben ist manchmal ungerecht.

Einige Wochen später passierte etwas völlig Unerwartetes. Ich kam eines Tages nach Hause und sah meine Mutter und meine beiden kleinen Brüder weinend am Küchentisch sitzen.

»Was ist passiert?«, wollte ich wissen.

»Komm her, mein Schatz«, sagte meine Mutter und nahm mich in den Arm.

»Günther hatte einen Unfall …«

»Einen Unfall?«

Ich verstand zuerst nicht. Aber als ich das Gesicht meiner Mutter sah, verstand ich, dass es sehr ernst sein musste. »Ist er …?«

Mama nickte.

Oh nein, dachte ich. Auch wenn wir uns nicht sonderlich gut verstanden hatten. Auch wenn ich Günther immer loswerden wollte – das hätte ich ihm doch auch nicht gewünscht.

Ich traute mich nicht zu fragen, was passiert war. Erst später wurde es mir erzählt. Günther wurde mit dem Fahrrad auf der Autobahn überfahren. Jedes Mal wenn er Streit mit Mama hatte, musste er nämlich in sein Gartenhaus ziehen und das Gartenhaus lag einige Kilometer entfernt. Der schnellste Weg dorthin führte über die Autobahn. Und da man Günther wegen seiner Alkoholprobleme schon lange seinen Führerschein entzogen hatte, fuhr er diese Strecke immer mit dem Fahrrad. Um genau zu sein, durfte er nicht mal mehr das, aber es war ihm egal und so muss es dann wohl passiert sein. Von diesem Tag an hatte sich irgendetwas in mir verändert. Hatte ich bisher alles genommen, wie es war, hatte das Leben so gelebt, wie es nun mal wohl gelebt werden musste, dachte ich jetzt zum ersten Mal darüber nach, wie vergänglich es war. Ich machte mir Gedanken, die ich mir noch nie zuvor gemacht hatte. Und ich wusste nicht, wem ich davon erzählen sollte. Mama wollte ich damit nicht nerven. Und meine Brüder hatten genug eigene Sorgen. Also klaute ich mir ein kleines Tagebuch und fing an, Gedichte hineinzuschreiben. Sie waren vielleicht nicht besonders gut. Aber sie waren ein Ventil für meine Trauer. Ich widmete jedes Gedicht in diesem Büchlein meinem verstorbenen Stiefvater. Meine Mutter hat nach seinem Tod nie wieder einen anderen Mann gehabt. Bis heute nicht.

Nach dem Tod von Günther Müller zogen wir in ein anderes Viertel der Stadt. Nach Mettenhof. In eine Hochhaussiedlung. Es war ein komplett neues Lebensgefühl. Hier war alles vollkommen trostlos. Es gab kaum etwas Grünes. Nur Beton. Sogar der verdammte Spielplatz in unserem Innenhof war aus Beton gemacht. Und dennoch fühlte ich mich hier auf Anhieb wohl. Denn in der Siedlung wohnten sonst nur Ausländer. Türken, Araber, Sintos, Albaner, Libanesen – und die ganzen Kanaken waren genau so drauf wie ich. Zum ersten Mal in meinem Leben fand ich richtige Freunde. Hier, in unserer kleinen Siedlung, wurde ich akzeptiert. Hier wurde ich verstanden. Und hier hänselte mich niemand. Ich wurde angenommen, wie ich war. Jeden Tag spielte ich bis zum Abend mit den Jungs im Innenhof Fußball. Wir liefen zum Kiosk und kauften uns Süßigkeiten: Lollies und bunte Schnüre. Und wir sprachen darüber, was uns am meisten verband: die Erfahrung, ausgestoßen zu sein. Auch die anderen Kids wurden in der Grundschule von den Deutschen gemobbt, weil sie Ausländer waren. Wir entwickelten so einen Hass, steigerten uns so in unsere Wut rein, dass wir eine Gang gründeten, die wir APTO nannten. Die Anti Potato Terror Organisation. Eigentlich machte die APTO nichts weiter, als Fußball zu spielen und rumzuhängen. Bis eine neue Familie in den Block zog. Die Familie von Tim und Tom, die ich noch aus der Kindergruppe kannte. Die beiden Jungs, die mir damals den Bauernhof-Tag mit meinen Cousins so mies versaut hatten. Und welch Zufall, sie kamen auch genau in meine Klasse und waren somit die beiden einzigen Deutschen in einer Klasse voller Ausländer. Tim und Tom hatten keine schöne Zeit in Mettenhof. Denn die Anti Potato Terror Organisation wurde ihrem Namen jetzt gerecht. Jeden Tag steckten wir die Jungs in einen Müllcontainer oder jagten sie mit Linealen um den Block. Manchmal nahmen wir ihnen auch ihre Schulranzen weg und schmissen sie in einen Baum. Es war jedes Mal eine kleine Genugtuung. Auch wenn ich Mobbing wirklich immer verabscheut und mich immer auf die Seite der Schwächeren gestellt habe, so hasste ich die beiden Jungs doch von ganzem Herzen. Verdammt, sie hatten es einfach verdient. Sie hatten etwas in mir kaputt gemacht.

Am schönsten für mich war es aber zu sehen, dass auch meine Mutter zum ersten Mal soziale Kontakte aufbaute. Jeden Tag saß sie auf dem Spielplatz und unterhielt sich mit anderen polnischen Frauen aus der Nachbarschaft. Zum ersten Mal, seit wir in Deutschland waren, sah ich Mama lächeln.

Nach der Grund- kam ich auf die Realschule. Und ich hasste sie. Ich fühlte mich dort keinen Moment lang wohl. Ich war mal wieder eine von einer Handvoll Ausländern unter unzähligen Deutschen. Und das ließen die mich spüren. Es war wie damals im Frauenhaus und in der Grundschule: Die Deutschen konnten mit mir nichts anfangen. Erst ignorierten sie mich, dann machten sie ihre Witze und schließlich stempelten sich mich ab. In ihren Augen war ich entweder die »Polackin« oder einfach nur ein Asi. Was das mit der Polackin bedeutete, hatte ich inzwischen irgendwie mitgekriegt, und das mit dem Asi begriff ich so langsam. Ich wusste, dass das nichts Gutes war. Sonst hätten sie es ja nicht gesagt. Mir war klar: Ich konnte hier nicht bleiben. Ich musste wieder zu meinen Freunden. Aber alle meine Jungs waren auf der Hauptschule. Also musste ich auch auf die Hauptschule. Ich tat alles, um mein Zeugnis extra zu versauen. Ich schwänzte. Ich gab bei Klassenarbeiten leere Blätter ab. Ich machte alles, was ich machen musste, um von dieser beschissenen Schule zu fliegen.

Ich war gut darin, mich schlechter zu machen, als ich war. Ich machte mich extrem gut. Ich machte mich so gut, dass ich bei der Zeugnisvergabe von unserem Klassenlehrer extra erwähnt wurde. »Ewa hat es geschafft«, sagte er. »Sie hat das schlechteste Zeugnis der letzten fünfzehn Jahre fabriziert. Das ist ein neuer Schulrekord.« Dabei hielt er den Wisch demonstrativ in die Höhe. Zwei Fünfen und sechs Sechsen. Mir war natürlich schon vorher klar, dass ich von der Schule fliegen würde. Ich wollte bei der Sache nur noch einmal auf Nummer sicher gehen. Ein bisschen stolz war ich schon.

Am letzten Schultag saß ich mit ein paar Leuten auf der Tischtennisplatte, rauchte eine Kippe und freute mich auf das nächste Schuljahr.

»Bist du gar nicht traurig, dass du gehen musst?«, fragte mich einer.

»Nö«, antwortete ich und blies den Rauch aus.

»Echt das beste Zeugnis«, sagte einer der Klassenkameraden, den ich nicht ganz so hasste. »Was deine Mutter wohl dazu sagen wird?«

Mein Herz blieb für eine Sekunde stehen. Verdaaaammt! Darüber hatte ich ja noch überhaupt nicht nachgedacht! Ich musste das Ding ja auch meiner Mutter zeigen. Oh Mann. Dass ich von der Schule musste, wusste sie schon. Ich habe es ihr halbwegs schonend beigebracht. Sie über die Mitleidsnummer über Wochen langsam vorbereitet. Aber wenn sie sehen würde, wie schlecht mein Zeugnis wirklich war … ich würde die Prügel meines Lebens bekommen. Ich überlegte hin und her. Ich musste mir was einfallen lassen. Ich konnte unter gar keinen Umständen mit diesem Wisch nach Hause gehen. Ich fischte das Scheißding aus meiner Tasche und versuchte, es mit Radiergummi zu bearbeiten. Es irgendwie zu fälschen. Keine Chance. Um das auch nur annährend professionell hinzubekommen, bräuchte ich viel mehr Zeit. Ich brauchte einen Plan C. Einen Ausweg. Verdammt, Ewa. Denk nach! Lass dir irgendwas einfallen. Komm schon …

Und dann hatte ich eine Idee.

»Okay, Jungs«, verabschiedete ich mich. »Ich muss echt los.«

Ich ging zu unserem Schularzt, der ein kleines Büro im Erdgeschoss hatte. Er wollte gerade Feierabend machen. Aber ich erwischte ihn noch. Ich würde einfach auf krank machen. Wenn Mama denkt, dass ich irgendwas hätte, dann könnte sie mich nicht verprügeln. Und bis ich wieder gesund bin, ist ihr Zorn schon halb verflogen. Vielleicht würde ich dann nicht ganz so extrem hart kassieren. Vielleicht nur Stock statt Kabel.

Ich setzte mich ins Wartezimmer und legte mir irgendwas zurecht. Als ich endlich aufgerufen wurde, hatte ich mir alles genau überlegt.

»Hallo, Ewa«, begrüßte mich der Arzt. »Wie kann ich dir denn helfen?«

»Ich habe ganz, ganz fürchterliche Bauchschmerzen«, begann ich. »Wirklich richtig übel. Ich kann kaum noch stehen.«

»Wo hast du denn die Schmerzen, eher rechts oder links?«

»Hm … rechts«, log ich.

»Eher oben oder unten?«

»Unten?«

Der Arzt runzelte die Stirn und tastete meinen Bauch ab. »Tut es hier weh?«

»Ja, genau da. Ahhhhh«, simulierte ich.

»Und wenn ich hier drücke?«

»Auuaaaa!«

»Hm, das scheint der Blinddarm zu sein. Er fühlt sich auch ganz dick an.«

»Ja, der Blinddarm. Das wird es sein. Es tut echt sehr weh.«

»So richtig schlimm?«

»Ja, Doc, so richtig, richtig schlimm.«

»Dann ist das mehr als bloß eine Entzündung. Wahrscheinlich steht er kurz vor dem Durchbruch.«

»Ja, genau!«, stimmte ich weiter ein. »Genauso fühlt es sich an. Als ob da irgendetwas gleich durchbrechen würde. Richtig schlimm. Können Sie mir da ein Attest für schreiben?«

»Nein, da hilft kein Attest«, sagte der Arzt, der ganz nervös wirkte und zum Telefon griff. »Das muss sofort operiert werden!«

»Was? Operiert? Nein, nein, nein, sooooo schlimm ist es auch nicht.«

»Das ist natürlich unangenehm, das verstehe ich, aber wenn wir jetzt nicht sofort handeln, kann das sogar tödlich ausgehen.«

Ich dachte kurz nach. Ach, dachte ich mir. Wieso eigentlich nicht? Krankenhaus war Jackpot. Wenn irgendwas den Zorn von Mama bändigen konnte, dann eine Operation! Sieben Minuten später stand ein Notarztwagen vor seiner Praxis, der mich ins Krankenhaus brachte. Jackpot.

Als ich nach der Operation im Krankenbett aufwachte, hörte ich schon meine Mutter. Sie war komplett aufgelöst und weinte. Ich öffnete langsam meine Augen. Da stand sie. Tränen liefen über ihr Gesicht. »Mein armes, armes Kind«

»Keine Sorge, Frau Müller«, beruhigte sie eine Krankenschwester und strich ihr über die Schulter. »Das war gar nichts Schlimmes. Nicht mal eine Entzündung. Keine schwere Operation. Wir haben nur einen kleinen Bikini-Schnitt vorgenommen.«

»Einen Bikini-Schnitt?«

Das Gesicht meiner Mutter veränderte sich innerhalb von Sekunden. Es war, als würden ihre Tränen sich einfach auflösen. Sie schaute mich mit großen Augen an und ihr Blick wurde sehr, sehr finster. »Keine schwere Operation?«

»Ganz harmlos, wirklich.«

Mama schaute mich an und verstand aus irgendeinem Grund sofort. »Ich komme gleich wieder«, sagte sie und verließ das Zimmer, ohne auch nur ein einziges Wort mit mir zu sprechen.

Scheiße!

»Was hat sie denn?«, fragte die Krankenschwester.

Ich schüttelte nur den Kopf. Scheiße, scheiße, scheiße.

Eine Stunde später war meine Mutter wieder da. Sie hatte eine große Reisetasche dabei.

»Wie geht es dir, Ewa?«, fragte sie mit einem sehr feindlichen Ton, der mir total unheimlich war.

»Nicht sehr gut, Mama. Die Operation war sehr anstrengend für mich und …«

»Heute ist Freitag«, unterbrach sie mich. »Letzter Schultag. Da gab es doch Zeugnisse, oder nicht?«

»Ach ja. Die gab es, aber ich kam noch gar nicht dazu …«

Sie zog einen Stapel schwere Bücher aus der Reisetasche. Atlanten. Alle gefühlt tausend Seiten dick. »Kleiner Bikini-Schnitt«, unterbrach sie mich wieder. »Verarsch wen anders, Mädchen.«

Dann stellte sie sich vor mir auf und ließ die schweren Bücher auf meine OP-Wunde fallen.

Ich schrie auf vor Schmerzen. Und wünschte mir von ganzem Herzen den Ledergürtel, dem ich eigentlich zu entkommen versucht hatte.

Aber mir war es das alles wert. Als ich endlich auf der Hauptschule war, begann unsere wilde Zeit. Endlich war ich wieder mit meinen Jungs aus der Siedlung zusammen.

Wir bauten rund um die Uhr Scheiße. Wir kamen nach der Schule nicht nach Hause, sondern gingen auf Diebestour. Wir legten unsere Rucksäcke im Familia bei der Taschenabgabe ab und zogen dann los. In der Innenstadt hatten wir unsere Stammläden. Wir klapperten sie der Reihe nach ab und ließen alles mitgehen, was man nur mitgehen lassen konnte. Süßigkeiten, Snacks, CDs, Klamotten, Elektrogeräte. Ich klaute sogar Vogelfutter, obwohl ich nicht mal mehr einen Vogel hatte. Ich konnte es einfach nicht unterdrücken. Der Drang, die Sachen mitzunehmen, war viel zu groß. Und es wurde immer schlimmer. Und natürlich wurden wir auch erwischt. Wieder und wieder.

Aber oft ging es auch gut. Wir waren mittlerweile ein harter Kern, der wusste, wie man aus dem Diebesgut auch Geld machen konnte. Patrick,

Fatih, Sangar und ich verscherbelten unsere Beute an einen alten Mann, der ein An- und Verkauf-Store in der City hatte. Er gab uns ziemlich wenig, aber er war der Einzige, der uns täglich alles abnahm, was wir ihm brachten. Von Elektronik über Alkohol bis zu Sonnenbrillen und Plastikschmuck. Bei ihm konnten wir einfach alles zu Geld machen. An manchen Tagen schrieb uns der Opa sogar eine Klauliste. Er wusste ja genau, was wir trieben.

Irgendwann hatte ich allerdings so viele Anzeigen angehäuft, dass man mich in eine Therapie steckte. In die sogenannte Kleptomanie-Therapie. Meine Mutter störte das nicht. Sie war auch nicht sauer. Sie zuckte nur mit den Schultern. Sie wusste wohl, dass sowas früher oder später passieren musste. In der Klepto-Therapie gab man sich wirklich Mühe mit mir. Ich hatte einen netten, älteren Psychologen, der es zunächst mit Reden versuchte. Er wollte herausfinden, welchen seelischen Schaden ich hatte, der mich zwang, ständig zu klauen. Er fragte mich nach meiner Kindheit. Nach dem, was ich erlebt hatte. Nach meinen ersten Erinnerungen. Also erzählte ich ihm alles. Ich glaube, er hat bei mir so viele Schäden entdeckt, dass er schließlich kapitulierte. So viel konnte er gar nicht reparieren. Wahrscheinlich hatte er nicht die geringste Ahnung, wo er eigentlich anfangen sollte. Also versuchte er es auf einem anderen Weg. Mit einer Konfrontations-Therapie. Er wollte mit mir in Geschäfte gehen und meinen Zwang zu stehlen überwinden. Ich hatte keine Ahnung, was er sich davon versprach, aber er war ein netter Kerl, also machte ich mit. Wir gingen durch einen Supermarkt.

»Wie geht es dir, Ewa?«, fragte er mich, als wir das Geschäft betraten.

»Super.«

»Wirklich? Fühlst du dich wohl?«

»Ich fühle mich fantastisch.«

»Sehr gut«, sagte er beruhigt. »Wenn es irgendwann zu viel wird, sag mir bitte Bescheid.«

»Alles cool …«, beruhigte ich ihn. Dann flanierten wir gemeinsam durch den Laden. Gingen vorbei an den Süßigkeitenregalen. Vorbei an den Getränken. Vorbei an den Zeitschriften. Vorbei an all den Regalen mit Unmengen von Waren und fingen dann wieder von vorne an. Der Doc hatte mich die ganze Zeit im Blick. Fragte immer wieder, wie ich mich fühlte. Was in mir vorging. Es nervte irgendwann. Nach einer ganzen Weile fand er, dass wir fertig waren. Wir verließen den Laden. Der Doc strahlte.

»Das hast du wirklich super gemacht, Ewa. Ich bin sehr stolz auf dich!«

Ich freute mich, dass er sich freute, und zog zwei Dosen Red Bull aus meiner Jackentasche, die ich abgezogen hatte.

»Willst du?«, fragte ich.

»Nein! Oh mein Gott! Hast du die gerade …«

»Klar, sind noch kalt.«

Der arme Mann vergrub sein Gesicht in den Händen und wirkte aufrichtig verzweifelt. Ich bekam eine Therapie-Verlängerung um ein halbes Jahr. Es wurde wieder geredet. Aber da ich offenbar nicht zu heilen war, gab man es irgendwann einfach auf.

TEIL 2

ROTLICHT

Ich brauchte Geld. Ich brauchte unbedingt Geld. Denn Geld war bei uns seit dem Tod von Günther Müller ziemlich knapp.

Mama versuchte die Familie mit Putzjobs über Wasser zu halten, aber ihr Lohn reichte gerade einmal aus, um die nötigsten Kosten zu decken. Um die Miete zu bezahlen. Um etwas Essen auf den Tisch zu bekommen. Ich wusste, dass alles vorne und hinten nicht hinkam. Ich wollte nicht, dass meine Brüder Dennis und Marco auch Pfandflaschen sammeln und Sperrmüllcontainer ausräumen mussten, so wie ich es damals musste. Die beiden waren noch keine zwölf Jahre alt. Ich konnte das nicht mit ansehen. Konnte den Gedanken nicht ertragen, dass sie ihre Jugend wegschmeißen würden. Ich hatte das ja alles selber durchgemacht. Und ich wusste, was dieses Leben mit einem Menschen machen kann. Zwar versuchte ich ihnen, so gut es ging, immer mal wieder schöne Sache zu erklauen, aber ich war mittlerweile siebzehn und mir war doch schon klar, dass das kein echtes Zukunftsmodell war. Nein, ich brauchte Geld. Richtiges Geld. Geld, um meine Familie zu versorgen. Also fragte ich in verschiedenen Bars und Kneipen nach, ob man denn nicht irgendwo einen Job für mich hatte.

Ich wurde zwanzig Mal abgewiesen, aber beim einundzwanzigsten Mal hatte ich Glück. In einer Kieler Hafenkneipe suchten sie noch eine Servicekraft. Der Laden hieß »Zur blauen Lampe«. Ich hatte keine Ahnung, wie man auf diesen Namen kam. Es gab überhaupt keine blaue Lampe in der Kneipe. Eigentlich gab es gar nichts in dieser Kneipe. Ein paar Tische. Ein paar Stühle. Ein großer Tresen. Und eine Jukebox. Es war ziemlich schlicht. Ziemlich kahl. Eine Treppe führte runter zu den Klos. Mehr hatte die »blaue Lampe« nicht zu bieten. Die Besitzerin von dem Laden hieß Eva.

»Hast du schon mal als Servicekraft gearbeitet?«, fragte sie mich.

»Nein.«

»Weißt du denn, was du machen musst?«

»Getränke ausschenken?«

Sie musterte mich von oben bis unten, dachte ein paar Sekunden nach und machte mir dann ein Angebot. Ein ziemlich mieses Angebot. Ein paar DM die Stunde, aber das war für mich okay. Hauptsache, überhaupt etwas verdienen.

Ich gab Eva die Hand und von diesem Tag an war ich Bardame in der »Blauen Lampe«.

Die Einarbeitung dauerte 15 Minuten. Eva erklärte mir, wo ich alles fand.

»Hier ist der Alkohol. Hier stehen die Preise. Das hier ist das Cocktail-Buch, wo die Rezepte für die Cocktails sind, aber niemand, der hier hinkommt, will einen Cocktail, also wirst du das Buch nicht brauchen. Noch Fragen?«

»Eigentlich nicht.«

»Dann viel Glück.«

»Wirst du nicht hier sein?«

»Nein.«

»Gibt es sonst niemanden, der hier ist?«

»Nein.«

»Sonst ist niemand da?«

»Dafür bezahle ich dich doch. Wenn der letzte Gast weg ist, schließt du den Laden wieder ab.«

»Alles klar.«

Nicht schlecht, dachte ich mir. Mit 16 Jahren war ich für eine komplette Kneipe im Alleingang zuständig. Was für eine Verantwortung.

Am ersten Abend war ich noch ein bisschen aufgeregt. Ich schloss den Laden um 13.30 Uhr auf. Kurz nachdem die Schule vorbei war. Am

Nachmittag kamen dann die ersten Gäste. Ältere Männer, die sich in eine Ecke setzten, sich Bier und Korn bestellten und nicht viel redeten. Ich stand hinter der Bar und polierte ein paar Gläser, um den Anschein zu erwecken, dass ich überhaupt etwas zu tun hatte.

Gegen 21 Uhr kam eine junge Frau in den Laden. Sie war vielleicht ein paar Jahre älter als ich, trug den kürzesten Minirock, den ich jemals gesehen habe, eine weiße Lederjacke, Netzstrumpfhosen und rotlackierte High Heels. Sie setzte sich zu mir an den Tresen, fuhr sich durch die Haare und winkte mich heran.

»Mach mir einen Kaffee, Kleine. Und mach ihn stark.«

Das Mädchen zündete sich eine Kippe an und schaute sich um. Während ich den Kaffee aufsetzte, ging sie zu den alten Männern an den Tisch und flirtete mit ihnen. Ich hörte sie lachen. Dann kam sie an die Theke und schob mir einen Zwanni rüber.

»Scheiß auf den Kaffee«, sagte sie und verschwand mit einem der älteren Männer. 20 DM. Sie hat mir gerade 20 verdammte D-Mark gegeben. Einfach so. Gott, ich liebte meinen neuen Job.

Nach und nach kamen immer mehr Gäste in den Laden. Und die Gäste die jetzt kamen, waren keine normalen Gäste mehr. Die Gäste, die jetzt kamen, waren Paradiesvögel. Aufgetakelte Frauen in teuren Pelzen. Typen mit Schnurrbärten und maßgeschneiderten Anzügen. Transen. Schwule. Verrückte. Um Mitternacht war die Kneipe voll und ich hatte ordentlich Stress. Von allen Seiten riefen mir die Leute ihre Wünsche zu, ich musste Biere zapfen, Longdrinks mixen und gleichzeitig die Kunden abkassieren. Ich kam kaum noch hinterher. Es wurde geraucht, es wurde gelacht, einige Gäste stritten sich, andere warfen Geld in die rot-leuchtende Jukebox und tanzten dann auf den Tischen. Die Frauen schrien gegen die lauten Bässe an und die Stimmung in der »blauen Lampe« kochte über, je später es wurde. Ausnahmezustand. Erst gegen 3 Uhr nachts beruhigte sich alles wieder. Der Laden wurde leerer und ich hatte ein paar Minuten, um mir darüber klarzuwerden, was hier eigentlich passierte. Wo ich überhaupt gelandet war. Verdammt, die »blaue Lampe« war nicht irgendeine Hafenkneipe. Die »blaue Lampe« war einer der zentralen Treffpunkte im Kieler Rotlichtmilieu. Und die Gäste waren eben nicht irgendwelche Gäste, die Gäste waren Freier, Zuhälter und Nutten aus der Szene. Alles bunte und schillernde Gestalten aus dem Milieu. Ich dachte einen kurzen Moment darüber nach, ob es mich vielleicht irgendwie stören sollte. Dann zählte ich mein Trinkgeld. Ich hatte über 100 Mark gemacht. Ich beschloss, dass es mich nicht weiter stören würde, wo ich arbeitete.

Am zweiten Abend in der Kneipe wusste ich schon besser, was mich erwartete. Und von Nacht zu Nacht wurde ich immer sicherer in meinem neuen Job. Ich fing an mit den Gästen zu flirten und so das Trinkgeld hochzutreiben, ich kippte mit den Stammkunden ein paar Kurze und sammelte ein paar Mark für die Jukebox, damit ich DJane spielen konnte. Ich ließ alte Hip-Hop-Klassiker laufen. Und ich lernte meine Gäste kennen. Die türkischen Zuhälter, die auf dicke Hose machten. Die Freier, die mir extra Trinkgeld gaben, wenn sie mir dafür auf den Arsch hauen konnten. Und die Nutten. Die Nutten beeindruckten mich am allermeisten. Sie kamen mit Pelzen und Markenklamotten, sie parkten Ferraris vor der Tür und trugen Rolex-Uhren am Handgelenk. Sie schmissen mit dem Geld nur so um sich. Und dazu waren sie alle witzig und schlagfertig. Sie waren die Königinnen der Kneipe. Und das wussten sie auch. Sie vermittelten jedem das Gefühl, dass ihnen die Welt gehörte. Ich fand das wahnsinnig cool.

Irgendwann lud ich meine beiden besten Freundinnen Amira und Malina ein. Amira war Afghanin, Malina eine Polin, sie waren beide Teil unserer Clique. Die beiden waren noch ein gutes Jahr jünger als ich, aber waren schon genauso kaputt. Gemeinsam machten wir in der Kneipe jeden Abend richtig gut Action und schafften es so, den Kunden noch mehr Trinkgeld abzuknöpfen. Wir waren ein gutes Team.

Die Arbeit in der Kneipe war extrem anstrengend. Ich versuchte nebenbei noch meinen Realschulabschluss zu machen. Ich ging bis 13.00 Uhr in die Schule und hatte ab 13.30 Uhr Schichtbeginn. Ich saß dann bis vier Uhr morgens in der Kneipe, machte Service, schenkte aus, unterhielt mich mit den Nutten und machte nebenbei irgendwie meine Hausaufgaben. Und um 7 Uhr 50 saß ich wieder brav im Unterricht.

Doch das war es mir wert. In der Kneipe habe ich mich dumm und dämlich verdient. Den Stundenlohn konnte ich zwar knicken. Aber das Trinkgeld ballerte. Parallel dazu habe ich noch Gras verkauft. Ich fuhr am Wochenende mit meinen Freunden über die holländische Grenze, kaufte ein bisschen was ein und vertickte es dann unter dem Tresen. Außerdem brachten wir unsere eigenen Flaschen mit, hingen sie an die Schnappswand, verkauften sie, und kurz vor Feierabend brachten wir wieder die Flaschen des Ladens an und drehten den Zähler einfach wieder zurück. Die Chefin glaubte, sie hätte mit dem cl-Zähler alles unter Kontrolle. Aber dem war nicht so.

An einem dieser Abende unterhielt ich mich mit Katharina. Sie war eine der Nutten, die besonders großzügig Trinkgeld auf den Tresen legte.

»Sag mal, Katharina«, fragte ich sie, während ich ihr noch einen Tequila nachschenkte. »Wenn ihr alle so viel raushaut hier, wie viel verdient ihr denn eigentlich so?«

»Ihr? Du meinst, ihr Nutten?«

Ich schaute etwas verlegen.

»Schon okay. Sagen wir mal so: Es reicht, um sehr gut zu leben, aber es reicht nicht, um die Scheiße wiedergutzumachen, die der Job so mit sich bringt.«

»Welche Scheiße?«

Sie schüttelte nur den Kopf. »Vergiss es. Zu viel schlechte Vibes. Wir kommen in diesen Laden, um gute Laune zu haben.«

Sie exte den Tequila, schmiss ein paar Münzen in die Jukebox und tanzte ein wenig mit ihrer Freundin rum. Sie hatte meine Frage zwar nicht so wirklich beantwortet, aber das musste sie auch gar nicht. Denn zu diesem Zeitpunkt war mir schon ziemlich klar, dass ich auch eine Nutte werden will. Es war nicht nur so, dass ich den Lifestyle dieser Frauen feierte. Denn das tat ich. Es war hauptsächlich aber eine rationale, eine wirtschaftliche Entscheidung. Ich hab gesehen, dass es denen super ging. Sie mussten Tausende von Mark verdienen. Am Tag. Egal, was ich in meinem Leben machen würde, egal, wie sehr ich mich noch nachqualifizieren würde, egal, welchen Job ich bekam, egal, wie viel Glück ich noch haben sollte: Niemals würde ich auch nur in die Nähe eines solchen Gehaltes kommen. Es war unmöglich. Ich war doch nur das Mädchen aus Polen. Das Mädchen, das es mit viel Glück schaffen würde, den Realschulabschluss hinzubekommen. Ich hatte keine Chance, reich zu werden. Außer mit Prostitution. Dass ich dafür mit wildfremden Kerlen ins Bett musste, war mir bewusst. Ich fand die Vorstellung ziemlich krank. Aber die Vorstellung, sehr viel Geld zu verdienen, war für mich entscheidender. Ich war bereit, die Sex-Sache dafür in Kauf zu nehmen. Ich wollte Geld verdienen. Ich wollte meine Familie ernähren. Ich wollte reich sein und raus aus dieser Scheiße, die mein Leben war. Und ich war nicht die Einzige, die so dachte. Auch Malina und Amira konnten sich mit dem Gedanken anfreunden, als Nutte zu arbeiten. Es war keine Entscheidung, die über Nacht fiel. Es war eine Entscheidung, die in der »blauen Lampe« reifte. Jede Nacht, die wir dort erlebten, in jeder Nacht, in der wir mit den Nutten und den Zuhältern und den Freiern rumhingen, wurde der Gedanke immer natürlicher. Die Mädels hier ficken alle für Geld. Und sie lebten gut damit. Wo war eigentlich das Problem?

Wir waren innerlich bereit, uns das zumindest einmal anzuschauen. Und eigentlich waren wir auch bereit, es einmal auszuprobieren. Auszuprobieren, was es heißt, eine Nutte zu sein. Es fehlte uns nur die passende Gelegenheit. Doch die sollte sich noch ergeben.

Ein paar Tage vor meinem achtzehnten Geburtstag saßen wir gemeinsam in der »blauen Lampe« und bereiteten uns für den Abend vor. Es war Wochenende. Der Laden würde voll werden. Wir putzten den Tresen und prüften die Alkoholvorräte, während Malina von einer Begegnung am letzten Abend erzählte.

»Ich hatte mich mit so einem Kerl unterhalten, der meinte, der hätte ein paar ganz gute Kontakte für uns.«

»Das haben sie alle«, warf ich ein. »Aber wir werden so eine Nutten-Nummer auf gar keinen Fall hier in Kiel abziehen. Hier kennen uns alle. Wenn sich das rumspricht … das ist absolut nicht drin.«

»Ja, ja, ich weiß. Aber der Typ meinte, der kennt da jemanden in Hamburg. Da gibt es so einen total berühmten Puff. Wo man richtig krass bezahlt wird. So fünf Sterne-mäßig …«

Das klang wirklich nicht schlecht. Ein Fünf-Sterne-Puff war genau das, was ich mir für den Anfang vorstellte. Wenn schon in das Nutten-Geschäft einsteigen, dann mit Stil.

»Er hat mir auch den Namen von dem Laden genannt. Der Relax Club. Ich habe mal im Internet geguckt und da stand, dass der wirklich ziemlich gut sein soll. So richtig für Promis und so.«

Wir beschlossen, dass wir uns das tatsächlich einmal anschauen würden. Für die nächste Woche nahm ich mir frei und fuhr mit den beiden Mädels nach Hamburg. Wir sollten Toni vor dem Club treffen. Toni war ein albanischer Zuhälter und Toni, hieß es, könne etwas für uns machen, obwohl Malina und Amira erst sechzehn waren. Wir trafen uns mit ihm vor dem Relax Club.

Toni war ein ekliger Typ. Ziemlich schmierig. Er hatte die Haare nach hinten gegelt und trug einen weißen Anzug mit goldener Kette. Er sah genau so aus, wie man sich einen Zuhälter vorstellt, wenn man an einen Zuhälter denkt.

»Das, meine Damen«, sagte er, »ist der Relax Club. Das ist das Ziel. Da müsst ihr irgendwann hin. Dann habt ihr ausgesorgt.«

Wir nickten ehrfürchtig.

»Aber da ihr noch ein bisschen zu jung seid, müsst ihr euch erst langsam hocharbeiten«, fuhr er etwas mythisch fort.

Toni brachte uns dann in ein Nebenhaus von dem Club. Es war ziemlich schäbig, eigentlich ein ganz normales Mietshaus. Ein Stockwerk war aber offenbar für nur für ihn und sein Business reserviert. Eine große Altbauwohnung mit vielen verschlossenen Zimmern. Er stellte uns einer älteren Frau vor, die im Wohnzimmer saß und eine Kippe rauchte. Sie war auch Albanerin. Hatte lange, schwarz nachgefärbte Haare und trug ein gefühltes Kilo Goldschmuck alleine an den Fingern. Sie musterte mich skeptisch von oben bis unten und roch an mir.

»Parfum gut«, sagte sie in gebrochenem Deutsch.

»Komm, Isabella, die ist neu. Ganz neu. Ganz frisch. Mach keinen Aufriss bei ihr«, pampte Toni sie an.

»Wie heißen?«, fragte sie mich.

»Ewa«, sagte ich.

»Ah, Ewa. Gut, gut. Polski?«

»Ja.«

»Willkommen in Rotlicht, Schwester Ewa.«

Dann begrüßte sie auch Malina und Amira und wies beiden jeweils einen Raum zu, hinter der jeweils ein Freier wartete. Die Mädchen verschwanden hinter den schweren, weißen Holztüren.

Mein allererster Kunde sollte Fat-Shui werden. Fat-Shui hieß wahrscheinlich nicht wirklich Fat-Shui, aber alle hier nannten ihn so. Fat-Shui war ein dicker Chinese, der im Hamburger Rotlichtmilieu eine gewisse Prominenz genoss. Er war ein täglicher Puffgänger. Ein guter Kunde, wie es hieß. Bei dem könne man nichts falsch machen, sagte Toni. »Außerdem ist der ganz harmlos und geduldig.«

»Alles klar«, sagte ich. »Was genau soll ich machen?«

Toni und die Albanerin sahen sich an und zuckten mit den Schultern.

»Ficken sollst du ihn«, sagte die Alte schließlich.

Okay, das hätte ich mir denken können.

»Er ist in diese Zimmer. Geh. Einfach machen.«

Sie zeigte auf eine verschlossene Tür und Toni verabschiedete sich und drückte uns noch einen Zettel mit einer Adresse in die Hand. »Wenn ihr fertig seid, kommt da hin.«

Ich nickte.

Dann öffnete ich die Tür, hinter der mein erster Kunde auf mich warten sollte.

Das Zimmer war ziemlich klein. Es gab einen Kleiderschrank und ein Bett. Mehr nicht. Der Kleiderschrank war aus massivem Holz und auf dem frisch bezogenen Bett lag ein nackter, übergewichtiger Chinese. Das war Fat-Shui. Er war nicht nur dick. Er war unfassbar fett. Ein richtiger Fettberg. Und auf diesem gelben Fettberg waren überall schwarze Haare. Es war absolut widerlich.

»Guten Abend«, sagte ich.

Fat-Shui nickte.

Ich ging zu ihm an das Bett. Ich öffnete die Kondompackung. Theoeretisch wusste ich, was ich jetzt tun musste. Aber praktisch war das gar nicht so einfach. Wie sollte ich dem Kerl denn ein Kondom überziehen? Da war nur Fett und Haar und ich fand seinen gottverdammten Schwanz nicht. Oh mein Gott, es war so verdammt eklig. Warum habe ich denn nicht einen normalen Mann bekommen, fragte ich mich. Ich wusste nicht, was ich machen sollte. Ich überlegte kurz. Dann drückte ich Fat-Shui einfach das Kondom in die Hand.

Er schaute mich entgeistert an und schüttelte seinen Kopf. »Du!«, sagte er. Er war offenbar kein Mann der großen Worte, aber er wusste, was er wollte.

Ich war verzweifelt. »Einen Moment bitte«, sagte ich und verließ das Zimmer.

»Isabella! Ich brauche deine Hilfe!«

»Was denn?«, fragte mich die Albanerin genervt.

»Was soll ich jetzt machen?«

»Hast du noch nie gearbeitet?«

»Nein, wirklich nicht. Ich weiß nicht, was ich machen soll. Ich finde seinen Schwanz nicht.«

Isabella grinste. Ihr Gesicht veränderte sich. Gönnerhaft strich sie mir übers Gesicht.

»Guck mal, Schatz«, sagte sie in einem überfreundlichen Ton zu mir. »Du musst ihn streicheln. Du musst seinen Bauch küssen. Ihn küssen. Du musst dafür sorgen, dass er sein Teil ausfährt, damit du es bedienen kannst.«

»Okay«, sagte ich.

Diese ekelhafte Fotze hatte mich komplett reingeritten. Sie hat mir genau das gesagt, was keine Nutte jemals machen würde. Aber woher sollte ich das denn wissen? Was eine Nutte macht und was nicht, sollte ich erst sehr viel später lernen.

Also ging ich zurück in das Zimmer und verwöhnte Fat-Shui so gut, wie ich nur konnte. Es kostete mich jede Menge Überwindung, aber ich zog einfach eine Show ab. Sie war offenbar nicht gut. Oder Fat-Shui war zu erfahren, im Gegensatz zu mir. Er merkte anscheinend, dass ich keine Ahnung hatte von dem, was ich tue, stand irgendwann einfach wortlos auf, zog sich an und ging einfach.

»Das war's schon?«, freute ich mich.

Doch als ich rausging, bekam ich erst einmal einen üblen Einlauf von Isabella. »Du komplett versaut, Mädchen. Chinamann beste Kunde. Sehr wütend! Gehen! Kommen nicht wieder!«, schrie sie sich in Rage.

»Ich habe es versucht«, sagte ich noch, aber da schubste sie mich schon aus der Wohnung. Draußen warteten Malina und Amira auf mich.

»Und?«, fragte ich sie.

»Hat nicht so gut geklappt«, sagte Amira und zuckte mit den Schultern.

»Scheiße. Habt ihr was verdient?«

»Nichts. Und du?«

Ich schüttelte nur den Kopf.

Wir stiegen dann in ein Taxi und fuhren zu der Adresse, die Toni uns gegeben hatte. Wir fuhren nach Blankenese. Eigentlich ein schönes Stadtviertel. Aber Toni hat es irgendwie geschafft, in der schönsten Ecke des Viertels die beschissenste Wohnung zu organisieren. Es war eigentlich gar keine Wohnung. Es war ein widerliches Loch. Ein kleines Zimmer ohne Möbel. In der einen Ecke lag eine Matratze, in der anderen Ecke stapelte sich der Müll. Das einzige Möbelstück, das Toni hatte, war eine Kommode. Und auf der stapelte sich der gesammelte Schrott seiner Wohnung.

»Ah, meine Goldmädchen«, begrüßte er uns. »Wie war der erste Tag?«

»Nicht so toll.«

»Waaaas? Ach, bisschen Übung, dann wird das«, sagte er und strich mir über mein Gesicht. Ich zog meinen Kopf weg.

»Wie viel habt ihr verdient?«

»Nichts«, sagte Amira.

»Nichts? Wollt ihr mich verarschen?«

»Nein, wirklich!«, bekräftigte ich. »Es hat nicht so gut geklappt. Deine Puffmutter hat uns komische Leute gegeben. Der dicke Chinese hatte keinen richtigen Schwanz.«

»Mädchen! Ihr seid jung. Da verdient ihr automatisch Geld!«

Ich versuchte es noch mal zu erklären, doch Toni hatte gar kein Verständnis. Er wurde immer wütender. Nach einer Weile schrien wir uns an und argumentierten wild hin und her und letztendlich setzte sich Toni auf einen Stuhl, vergrub sein Gesicht in den Händen und seufzte laut auf.

»Okay, Mädchen. Ihr habt es versaut. Dann macht ihr es jetzt einfach schnell wieder gut und morgen versuchen wir es noch einmal.«

Er stellte sich hin und zog sich seinen beschissenen, weißen Anzug aus, sodass er nur noch in einer weißen Feinripp-Unterhose vor uns stand. »Kommt ins Bett. Wir regeln das.«

»Ihhhh, nein!«, sagte Amira.

Ich war fassungslos. Ich dachte, hier geht es echt ums Geschäft, aber der Typ war einfach nur ein dummer, notgeiler Spinner. Ich packte das Fischbrötchen, das auf seinem vollgemüllten Küchentisch lag, und stopfte es ihm ins Gesicht.

Dann rastete Toni richtig aus. Pamm! Ich fing mir völlig unerwartet zwei Fäuste. Er schlug mit seinen Fäusten brutal auf mich ein. Direkt ins Gesicht. Wir verließen fluchtartig die Wohnung und machten, dass wir so weit wie möglich wegkamen.

Aber da wir schon in Hamburg waren, wollten wir es auch nicht aufgeben. Wir versuchten es weiter. Wir gingen zurück zum Steintor. Das Steintor ist ein ziemlich heruntergekommenes Viertel direkt hinter dem Bahnhof. Neben den türkischen und arabischen Restaurants, Pornokinos und Spielhöllen stehen auch die Straße entlang jede Menge Nutten. Sie reihen sich da regelrecht auf, eine neben der anderen. Während sich St. Pauli zu einem Touristenmagneten entwickelte, gab es hier noch den dreckigen, rauen Straßenstrich. Die brutale Realität.

Wir liefen das Viertel einmal ab, von oben nach unten. Die Nutten starrten uns an. Einige gaben uns mit ziemlich eindeutigen Gesten zu verstehen, dass wir verschwinden sollten. Wir waren wohl nicht erwünscht.

»Was machen wir jetzt?«, fragte Amira.

»Keine Ahnung«, sagte ich und schaute mich um. Ich hatte wirklich überhaupt kein Plan, wo wir beginnen könnten. Uns einfach dazustellen? Das würde eher nicht gehen. Die anderen Huren gaben uns schon mit ihren Blicken zu verstehen, dass sie keinen einzigen Zentimeter von *ihrem* Straßenstrich hergeben würden. Es war verdammt noch mal gar nicht so leicht, eine Hure zu werden.

In dem Moment kam ein älterer Mann auf uns zu und fragte, ob wir Huren seien.

»Ja«, antworteten wir glücklich. Wir dachten, er würde uns was Gutes anbieten. Aber statt uns zu kaufen, wollte er uns ein Geschäft anbieten. Er wollte Visitenkarten für uns drucken.

»Die braucht ihr, wenn ihr professionelle Huren seid …«

Amira, Malina und ich schauten uns skeptisch an.

»Glaubt mir, jede Hure braucht eine Karte. So ist das im Geschäft. Geht ganz schnell. Ich habe einen Drucker. Hundert Karten – fünf DM.«

»Ich weiß nicht«, sagte ich.

»Ach«, fiel er mir ins Wort. »Läuft es so gut bei euch, ja? So gut, dass ihre keine Karten braucht?«

Also gut. Wir willigten ein und folgten dem Rentner. Er brachte uns in seine Wohnung, eine Straße weiter. Es war mehr eine Absteige als eine Wohnung, ein vermülltes Zimmer mit einem Bett, einem Sofa und einem Computer. Wie konnte man hier nur leben? Er schmiss seinen alten Heimcomputer an. Es dauerte ewig. Während der Computer hochfuhr, machte er ein Foto von uns, wie wir auf der Couch saßen, dann öffnete er so ein billiges Layoutprogramm, designte eine Karte und druckte sie aus. Der alte Mann war wirklich sehr langsam. Er bewegte sich beinahe in Zeitlupe. Er nahm die ausgedruckten Pappbögen und schnitt die Kärtchen mit einer Schere aus. Amira verdrehte die Augen. Malina schaute auf die Uhr. Nach einer gefühlten Ewigkeit war der Opa dann fertig und drückte mir die Kärtchen in die Hand: »Drei heiße Engelchen suchen heiße Bengelchen« stand drauf.

»Jetzt seid ihr wirklich Professionelle«, grinste er.

»Ja, vielen Dank«, verabschiedeten wir uns.

Wir liefen noch einmal über das Steintor, setzten uns schließlich auf die Treppenstufen von einem Hotel und dachten darüber nach, was jetzt die klügsten Schritte wären, als wir die zischelnde Stimme einer Frau hörten.

»Hey«, raunte sie. »Sucht ihr Arbeit?«

Wir schauten uns um. Eine alte Zigeunerin schaute aus einem der Fenster im Erdgeschoss. Sie hatte sich ein Kissen auf die Fensterbank gelegt, sich herausgelehnt und das Treiben auf der Straße verfolgt. Sie hatte ein eingefallenes Gesicht und pechschwarze Augen.

»Ja«, sagte ich. »Wissen Sie was?«

Die Frau starrte auf die Straße und sprach irgendwelche Sätze vor sich hin, die ich nicht verstand. Irgendetwas auf Rumänisch. Sie schien geistig leicht verwirrt zu sein.

»Was sagen Sie?«, fragte ich ein bisschen genervt.

»Kommt rein«, grummelte sie, ohne uns anzuschauen, und verschwand vom Fenster.

Wir schauten uns an, zuckten mit den Schultern und standen auf.

Als sich die Tür öffnete, gingen wir durch einen verdreckten Hausflur in die große Erdgeschosswohnung. Das Parkett knarzte. Das Wohnzimmer hing komplett voll mit irgendwelchen obskuren Figürchen und selbst gebastelten Püppchen. Es war richtig unheimlich.

»Setzt euch«, sagte die Alte und deutete auf den großen Holztisch in der Mitte des Raumes. »Ihr wollt Action machen?«, fragte sie und schaute dabei ständig an uns vorbei.

»Ja«, sagte ich und legte ihr unsere Visitenkarte auf den Tisch.

Sie schaute sie an und warf sie dann verächtlich in den Papierkorb. »Hier ist alles scheiße. Hier findet ihr nichts. Ihr müsst woanders hin.«

»Vielleicht nach Berlin?«, warf Malina ein.

»Nix Berlin!«, unterbrach uns die Zigeunerin. »Nix! Besser gehen Dänmark.«

Dänemark? Wir schauten uns an. Was sollten wir denn in Dänemark?

»Dänmark geben gute Arbeit. Gute Geld. Hier stehen nur rum.«

Wir schauten uns an. Arbeiten wollten wir ja. Und Geld wollten wir erst recht. Aber Dänemark? Andererseits: Welche Wahl hätten wir denn? Also stimmten wir zu. Wir ließen unsere Sachen in dem Hotel und fuhren mit einem Taxi zum Hafen. Von dort aus nahmen wir eine Fähre nach Kopenhagen. Nach Dänemark.

Als wir nach ein paar Stunden am Hafen ankamen, wurden wir von einer anderen Zigeunerin abgeholt. Sie brachte uns in ein großes Gebäude mit vielen kleinen Zimmern, die sich jeweils drei oder vier Frauen teilten. Unsere Unterkunft. Es erinnerte mich an meine Kindheit im Frauenhaus. Nur waren hier keine Deutschen, die mich quälten, sondern bloß Zigeunerinnen, die mich von oben bis unten musterten und darauf abcheckten, ob ich für sie Konkurrenz wäre.

Die Zigeunerin, die die Puffmutter-Rolle übernommen hatte, brachte uns in ein Zimmer und sammelte unsere Ausweise ein.

Da ich am nächsten Tag Geburtstag hatte, beschloss ich, noch nicht anschaffen zu gehen. Es waren ja nur noch 24 Stunden, bis ich volljährig war, bis ich es legal machen konnte. Diesen Tag wollte ich abwarten. Ich wusste nicht einmal warum. Es war einfach ein Risikofaktor weniger, dachte ich, aber bei den Millionen von Risikofaktoren, die da mitspielten, war das eigentlich völlig egal. Wahnsinn. Vielleicht hat die Erziehung von Günther Müller zumindest in diesem einen einzigen Punkt gefruchtet und er hat in mir ein Gefühl deutscher Sorgfaltspflicht und Verantwortung verankert.

Vielleicht war ich auch einfach nicht ganz ich selbst, weil mir die Vorstellung, auf den Strich zu gehen, doch insgeheim schon ein wenig zusetzte.

Am Nachmittag machten sich die Mädels fertig. Als die Sonne unterging, fuhren wir mit einem kleinen Bus zum Hauptbahnhof, wo der Straßenstrich begann. Dort wurde den neuen Mädchen ein Platz angewiesen. Die älteren kannten ihren schon.

»Wo gehen wir denn mit den Freiern hin?«, fragte Malina.

Die Zigeunerin zeigte uns einen Sexshop, der auch auf der Straße lag. Eine Treppe führte in den Keller und in dem Keller gab es einige offene Räume. Es war ekelerregend. Auf dem harten Steinboden lag eine versiffte AIDS-Matratze, an den Wänden hingen Spinnen und auf dem Flur lief eine faustgroße Kakerlake entlang. Es stank nach Pisse.

»Baaaah, ist das widerlich«, sagte Malina.

»Hör mal, Mädchen«, antwortete ihr die Zigeunerin. »Das ist hier kein 5-Sterne-Hotel, Mädchen. Die Freier sollen sich hier nicht wohlfühlen. Die Freier sollen so schnell wie möglich wieder hier wegwollen, Mädchen. Verstehst du?«

Malina nickte und verzog das Gesicht. Dann stellte sie sich gemeinsam mit Amira in die Reihe.

Ich schaute eine Weile zu, wie sie die Männer ansprachen, die vorbeikamen. Wie sie mit den Männern handelten. Wie sie mit den Männern in den Sexshop gingen. Wegblieben. Und irgendwann mit den Männern aus dem Sexshop wieder herauskamen. Die Straße, auf der sie standen, war eine ganz normale Straße. Es kamen Touristen vorbei, Einheimische, Männer mit Frauen, Frauen mit Kinderwagen und niemand außer den Freiern schien die Nutten hier groß zu beachten.

Irgendwann hatte ich genug gesehen. Ich setzte mich in eine Kneipe gegenüber und bestellte mir eine Jacky-Cola. Ich zog meinen Pass aus der Tasche und spielte ein wenig mit ihm herum. Mein letzter Tag, an dem ich siebzehn war. Morgen wäre ich volljährig. Und morgen würde für mich ein ganz neues Leben beginnen. In meinem Pass klebte noch immer ein altes Kinderfoto von mir. Ich schaute es eine Weile an. Es war das Bild meines sechsjährigen Ichs. Wie viele Erwartungen, wie viele Hoffnungen ich damals noch an das Leben hatte. Wie unschuldig damals noch alles war. Ich riss das Foto aus dem Pass, klebte ein neues, ein aktuelles Foto von mir rein und packte ihn wieder in meine Tasche. Ich nahm einen Zug von der Jacky-Cola und schaute mich um. An einem der Tische saß eine Frau. Sie war sehr viel älter als ich, vielleicht Mitte sechzig, aber sie war gekleidet wie eine Hure. Sie starrte mich an.

»Alles okay?«, fragte ich sie.

Sie reagierte nicht. Starrte einfach weiter. Unheimlich. Ich versuchte sie zu ignorieren, aber es gelang mir nicht, es war, als könnte ich ihre Blicke in meinem Rücken förmlich spüren.

»Was ist los mit dir?«, schrie ich sie an. »Ist doch keine Peep-Show hier.«

Die Alte stand auf und kam langsam torkelnd auf mich zu. An den Beinen und am Oberkörper hatte sie merkwürdige Tattoos. Tribals. Sie wirkte sehr aggressiv. Dreck. Eigentlich wollte ich hier keine Kneipenschlägerei anzetteln. Schon gar nicht mit einer alten Frau. Ich schaute den Barkeeper an, aber der schien die Oma gar nicht wahrzunehmen. Die Alte kam immer näher und baute sich irgendwann vor mir auf.

»Bleib auf dem geraden Weg, Schwester«, sagte sie mir. Ich war überrascht, dass sie überhaupt Deutsch konnte.

Sie stand bedrohlich nah vor meinem Gesicht und es war, als würde sie mit ihren blauen Augen komplett durch mich durch starren. »Na klar, mache ich. Danke für den Tipp.«

»Merk dir eins: Du kannst nur die Verantwortung für dich selber tragen; wenn du die Verantwortung für jemand anderen übernimmst, dann wird sie dich erdrücken. Dann wird sie dein Verderben sein.«

Ich hatte wirklich überhaupt keinen Plan, was die Alte mit ihrem kryptischen Geseier von mir wollte.

»Okay, aaalles klar. Ich behalte das im Kopf«, sagte ich und schaute mich nochmal nach dem Barkeeper um, der von der ganzen Szene immer noch gar nichts mitbekam.

Dann drehte sich die Alte um und ging. Auf ihrem Rücken hatte sie ein riesiges Tattoo. Ich versuchte zu erkennen, was es war. Eine Libelle? Ich schüttelte den Kopf. Das kann doch gar nicht sein.

»Verrückte Leute hier, was?«, fragte ich den Barkeeper in meinem gebrochenen Englisch.

»Was für Leute?«

»Scheiß drauf, mach mir noch einen Rum.«

Ich exte das Glas und dachte über alles nach. Über mein Leben. Über meine Vergangenheit und über meine Zukunft. Ich würde also eine Nutte sein. Auf der anderen Straßenseite würde ich stehen, mich von Männern anquatschen lassen und Geld verdienen. Ja, Geld verdienen. Darum ging es mir. Um nichts anderes. Ich wollte vorankommen im Leben. Nach einer guten Stunde legte ich meine Tasche auf den Tresen, um den Schnaps zu zahlen. Ich fingerte in meiner Tasche herum, um das Geld rauszufischen. Was ich alles dabei hatte: meinen neu gestalteten Pass, eine verrostete Knarre, die mir ein Kumpel für Hamburg zugesteckt hatte, Pfefferspray, einen Schlagring und einen Totschläger. Heftige Ausstattung. Aber das war alles, was ich in meinem Leben hatte. Ich gab dem Typ hinter der Theke ein ordentliches Trinkgeld. Dann holte ich Amira und Malina ab. Als wir im Bus saßen und wieder zurück in unsere Unterkunft fuhren, zählten die beiden das Geld, das sie verdient hatten. Es waren gut tausend Mark. Jeweils.

»Wahnsinn!«

»Tausend Mark, an einem Abend. Überleg mal! Was wir damit alles anstellen können!«

Am nächsten Tag sollte es dann endlich so weit sein. Ich sollte endlich das machen, was ich seit einigen Tagen so verzweifelt machen wollte. Anschaffen gehen. Ich hatte mir eine Flasche Wodka gekauft, sie in eine braune Papiertüte gepackt und mir ein gutes Stück Mut angetrunken. Ich hatte mir mein bestes Straßenoutfit angezogen: knallroter Minirock. Knallrotes Oberteil. Wenig Stoff, viel Ewa. Das war mein Geburtstagsgeschenk für mich selbst: Ich stellte mich auf den Strich. Links neben mir Amira, rechts neben mir Malina und in der Hand der Woddi. Ich versuchte eine maximal sexy wirkende Pose zu finden. Ich hatte das stundenlang vor dem Spiegel geübt. Ich versuchte die Blicke von den Männern einzufangen, die an mir vorbeikamen.

»Hey, hey«, überspielte ich meine nicht vorhandenen dänischen Sprachkenntnisse. Ich fragte mich, wer wohl mein erster Freier werden würde.

Und dann kam die Polizei. Der Wagen hielt am Ende des Straßenstrichs. Drei Beamte stiegen aus. Ich beobachtete es ganz genau. Ich stand hier gerade Mal zehn Minuten und dann das. Ruhig bleiben, sprach ich mir gut zu. Die werden ja wohl nicht wegen dir gekommen sein, Ewa. Ich versuchte, mir nichts anmerken zu lassen. Aber ich war extrem aufgeregt. Ich blieb an dem mir zugewiesenen Platz stehen und beobachtete die Bullen aus dem Augenwinkel. Sie gingen an den anderen Nutten vorbei. Kamen immer näher. Komm schon, komm schon, komm schon, sagte ich mir selbst. Raste jetzt nicht aus. Mach dir keine Gedanken. Die kommen nicht wegen dir. Die kommen garantiert nicht wegen dir. Aber ich hatte ein ungutes Gefühl. Ich kaute nervös den letzten Geschmack aus meinem Kaugummi und starrte auf den Boden. Chill, Ewa. Sie werden weitergehen. Sie werden ganz bestimmt weitergehen.

»*God aften*«, sprachen mich die Cops dann auf Dänisch an.

Verdammt!

Ich musterte die drei Kerle selbstbewusst und zuckte mit den Schultern. »Nichts Dänisch«, sagte ich. »Deutsch. *Alman.*«

Es half nichts. Sie gaben mir zu verstehen, dass ich meine Tasche öffnen sollte. So eine verdammte Scheiße. Ich überlegte mir, wie ich aus der Sache noch rauskommen sollte, aber ich hatte keine Chance. Einer der Bullen griff schon nach ihr und riss sie mir aus der Hand.

Er nahm eine kleine Taschenlampe und durchwühlte sie. Pass – unbedenklich. Eine Packung Mini-Schokoriegel – unbedenklich. Aber dann: Totschläger, Pfefferspray und eine alte Knarre. Der Typ starrte mich an, als wäre ich eine Terroristin.

»Selbstverteidigung. *Self-defense*«, versuchte ich es noch, aber da legten sie mir schon Handschellen an und führten mich ab. Verdammte Scheiße. Ich wette, irgendeine von den Zigeunernutten hatte mich verpfiffen. Weil sie Angst um ihre Kundschaft hatte oder so. Diese neidischen Drecksweiber.

»Ernsthaft jetzt?«, fragte ich den Bullen mit den Handschellen. »Ich bin Nutte, keine Mörderin.«

Aber das halbe Waffenarsenal in meiner Handtasche sprach nun mal eine eigene Sprache. Ich ließ mich vor den Augen der anderen Huren abführen und in den Polizeiwagen setzen. Was für ein Abfuck.

»Ewa! Wir warten hier auf dich!«, rief Amira.

»Nein, fahrt zurück nach Hause!« Ich weiß nicht, warum ich das sagte. Es war so ein Gefühl. Ein Gefühl, dass etwas Schlimmes passieren würde.

»Bitte! Fahrt nach Hause! Wirklich!«, schrie ich aus dem offenen Autofenster, als der Polizeiwagen losfuhr.

Amira schüttelte noch mit dem Kopf. Ich sank auf dem harten, unbequemen Rücksitz ein. So eine Scheiße.

Eine gute Stunde später saß ich in einer Einzelzelle. Vier Quadratmeter, eine stinkende Matratze auf dem Steinboden und alles voller Dreck. Das war auch nicht sehr viel besser als der Sexshop-Keller, dachte ich. Die Wände waren mit Graffiti beschmiert. Das meiste verstand ich nicht, weil es auf Dänisch war, aber einige Symbole waren in allen Sprachen verständlich. Aus dem Fenster schaute ich in den Hof. Er war rund und aus Beton. Die Zellen waren offen, es gab nur ein Gitter, von dem aus man in die anderen Zellen schauen konnte. Das ganze Gefängnis war rund. In der Mitte gab es eine Treppe, die in die anderen Stockwerke führte.

»Hey, Süße«, rief mir jemand zu.

Ich schaute mich um. In der Zelle neben mir saß ein alter Mann mit einem roten Bart. Verdammt. Das war ein gemischter Knast. Und ich saß hier mit meinem knallroten Minirock, in meinem Nuttenoutfit. Was für ein schöner achtzehnter Geburtstag.

Drei Tage saß ich in dieser Zelle. Drei gottverdammte Tage. Einmal am Tag kam ein Polizist, der mich eine Stunde lang befragte. Ich hatte keinen Hofgang und ich durfte nicht duschen. Ich war rund um die Uhr in dieser fürchterlichen Zelle eingeschlossen, neben mir der notgeile, alte Sack mit dem roten Bart und im Kopf die Angst, dass ich für immer hier bleiben müsste. Sie hatten Waffen bei mir gefunden. Dafür würden sie mich doch sicherlich nicht einfach so davonkommen lassen. Oder doch? Immerhin war die Knarre alt und rostig. Wahrscheinlich funktionierte sie nicht mal. Ich hätte gerne mit einem Anwalt gesprochen, aber als man mich fragte, ob ich jemanden anrufen will, da sagte ich einfach Nein. Wen hätte ich anrufen sollen? Meine Mutter? Sie wäre sofort gekommen und hätte mich noch im Knast mit dem Lederriemen totgeprügelt. Meine Freunde? Die hätten nichts für mich machen können. Und wie ich Amira und Malina erreichen sollte, wusste ich nicht.

Am dritten Tag passierte dann aber endlich etwas. Ein Wärter kam, schloss meine Zelle auf und gab mir ein Zeichen, dass ich meine Sachen packen soll.

»*You can go*«, raunte er mir zu.

»Wirklich? Ich kann gehen? Einfach so? Kein Gericht mehr? *No court?*«, fragte ich in meinem schlechten Englisch.

»*You can go*«, wiederholte der Typ genervt und nickte.

Ich konnte es noch gar nicht glauben. Was für eine Erleichterung. Ich war so überrascht, dass ich gar nicht wusste, was ich machen sollte, also machte ich noch mein Bett, was ja eigentlich nur eine Decke auf einem

Holzbrett war, kramte meine Sachen zusammen und griff nach meiner halben Flasche Milch. Zum Abschluss schaute ich mich noch einmal um, ob ich nichts vergessen hatte. Als würde ich ein Hotelzimmer verlassen. Bescheuert. Was sollte ich denn vergessen? Sie hatten mir ja alles weggenommen.

Ich wurde dann in einen Polizeiwagen gesetzt und unterwegs erklärte mir der Bulle noch, dass man mich abgeschoben hätte. Man würde mich nun zum Hafen bringen, wo mich ein Schiff nach Hause fährt. Okay, dachte ich. Gar nicht mal schlecht. Ich hatte eh kein Geld mehr. So kam ich wenigstens gratis zurück nach Deutschland. Und mit dem Schiff ist die Reise auch ganz angenehm. Top Service. Besser geht es kaum. Das dänische Justizsystem war ziemlich cool.

Als ich aus dem Polizeiwagen stieg, legte man mir Handschellen an. »Für die Fahrt, um sicherzugehen«, sagte der Polizist. Dann brachte er mich zu meinem Schiff. Ein großer, weißer Dampfer. Wirklich gar nicht mal so schlecht, dachte ich. Das ist zwar kein Luxusliner, aber auf dem Kahn würde sich die Rückfahrt gut aushalten lassen. Und dann sah ich, was auf dem Schiff stand.

Polonia Fairy.

»Moment«, sagte ich und drehte mich zu dem Polizisten um. »*Sorry, this is wrong, i need Germany not Polonia. Ich wohne in Germany. Not Polonia.*«

Er schaute mich gelangweilt an und zuckte mit den Schultern. »*Germany says no.*«

Aaach du Scheiße, dachte ich. Ich darf nicht mehr nach Deutschland einreisen. Ich hatte seit meiner Kindheit von Jahr zu Jahr eine Aufenthaltsverlängerung bekommen, nie eine vollwertige Staatsbürgerschaft. Ich war in Deutschland immer nur geduldet. Aber durch die Sache mit den Waffen schien man mich jetzt nicht mehr haben zu wollen. Das war ganz, ganz schlecht. Müsste ich jetzt in Polen leben? Unmöglich! Ich stieg mit einem unguten Bauchgefühl die Treppen zum Schiff hoch und wurde dann in eine kleine, leere Kabine gebracht, wo man mich auf einen Stuhl setzte. Es gab nicht mal ein Fenster. Das Schiff legte ab und ich starrte auf den Boden. Es sollte eine zwanzigstündige Fahrt werden. Okay, Ewa. Das mit dem Nuttendasein lief nicht ganz so gut. Vielleicht überlegst du dir doch noch einen Plan B? Ich dachte nach, was ich jetzt tun könnte. Aber ich hatte überhaupt keine Idee. Bis sich sich die Tür öffnete und ein junger Matrose hereinkam.

»Na«, fragte der Kerl mich auf polnisch. »Geht's dir gut? Alles okay?«

»Könnte ein bisschen besser sein, Schatzi.«

»Das sieht wirklich nicht sehr bequem aus.« Er musterte mich von oben bis unten. Ich saß mit den Handschellen auf dem kleinen Holzstuhl und konnte kaum meine Beine ausstrecken, so klein war die Kabine.

»Ich wüsste da vielleicht was besseres«, sagte er und hielt einen kleinen Schlüsselbund demonstrativ in die Luft. »Der Kapitän fragt, ob du nicht Lust hättest, zu ihm in die Kabine zu kommen?«

»Jede Menge, Schatz!«

Wir verstanden uns.

Der Matrose öffnete meine Handschellen und brachte mich in die Kajüte von dem Kapitän. Er klopfte drei Mal.

»Lass sie rein«, hörte ich eine tiefe Stimme.

»Viel Spaß, Süße.« Der Matrose grinste und ging. Als ich die Tür öffnete, sah ich eine große, luxuriös eingerichtete Schiffskabine. Und mitten auf dem Bett lag ein alter, vollbärtiger Mann komplett nackt auf dem Rücken und starrte mich an. Er hatte nur noch seine Kapitänsmütze auf. Der Typ sah aus wie der Kapitän aus dieser Fischstäbchen-Werbung.

»Hallo Schönheit«, sagte er und erst jetzt begriff ich. Alles klar, der Kapitän war also ein gottverdammter Freier.

Und er war mein erster echter Kunde. Wir vergnügten uns eine gute Stunde. Dann brachte er mich in eine eigene Suite und ließ mir frische Klamotten und eine Flasche Champagner bringen. Und endlich konnte ich duschen. Nach drei Tagen endlich den gesamten Dreck von Kopenhagen von mir runterwaschen.

Am nächsten Morgen kam ich in Polen an. In irgendeiner Hafenstadt. Ich hatte überhaupt keine Ahnung, wo ich war und was ich jetzt tun sollte. Die Matrosen schickten mich vom Schiff runter und überließen mich mir selbst. Niemand holte mich ab, niemand sagte mir, was ich jetzt machen sollte. So fühlt es sich also an, verbannt zu werden. Nicht cool.

Ich lief ein bisschen im Hafen umher und schnorrte mir ein paar Zloty zusammen. Polnische Cent. Dann suchte ich eine Telefonzelle und rief meine Mutter an.

»Mama, kannst du mich bitte abholen?«

»Wo bist du, Kind?«

»Irgendwo in Polen. In einer Hafenstadt. Sie heißt …«, ich schaute mich um, »Świnoujście«.

»Was zum Teufel machst du da? Ich dachte, du wolltest mit Freunden nach Hamburg?«

»Ja. Ich wurde ausgewiesen.«

Meine Mutter schwieg ein paar Sekunden ins Telefon. Ich wusste genau, was sie dachte. Rohrstock, Kabel, Gürtel reichten alle nicht. Lederriemen. Doppelter Lederriemen. Dreifacher Lederriemen.

»Ich fahre gleich los«, sagte sie.

Ich versuchte, ihr noch etwas genauer zu beschreiben, wo ich war, und legte auf. Dann setzte ich mich in eine Kneipe und bestellte mir von meinem letzten Geld eine Flasche Whiskey.

Nach einer gefühlten Ewigkeit fuhr meine Mutter endlich mit ihrem grünen Ford Mondeo vor. Sie hatte drei Freunde von mir dabei, Sajo, Metin und Ricardo, die ihr wohl geholfen haben, den Weg zu finden. Meine Mutter war nicht gut im Kartenlesen.

»Gut, dass ihr da seid«, sagte ich wirklich erleichtert.

»Steig ein!«, zischte sie mich an.

Ich öffnete die Beifahrertür und ließ mich auf den Sitz fallen. Dann atmete ich tief durch. Wie gut, dass diese Tortur ein Ende hatte.

»Nicht hier.«

»Was?«

»Nicht hier einsteigen! Du wurdest ausgewiesen.«

»Ja, und?«

»Ich muss dich jetzt nach Deutschland schmuggeln. Geh in Kofferraum.«

»Ist das dein Ernst?«

»Ist sicherer. Kein Ärger dann. Geh in Kofferraum.«

Ich war zu müde, um zu diskutieren und außerdem wusste ich, dass ich eine Diskussion mit meiner Mutter nur verlieren konnte. Ich hatte auch gerade nicht die besten Karten in der Hand. Also legte ich mich in den Kofferraum und ließ mich von Mama zurück nach Deutschland schmuggeln.

Es ging alles gut. In Kiel kümmerte sich dann ein Anwalt darum, dass ich auch wieder legal in Deutschland bleiben konnte. Nur Malina und Amira erreichte ich nicht mehr. Es dauerte Wochen, bis sie wieder in Kiel waren und mich anriefen. Ich fuhr sofort zu ihnen, wollte unbedingt wissen, was passiert war.

»Weißt du, Ewa, eigentlich erinnern wir uns nicht mehr so wirklich daran …«, sagte Amira und schaute wahnsinnig traurig.

»Was meinst du?«

»Naja, wir haben auf dich gewartet. Wir wollten nicht ohne dich zurück nach Deutschland. Wir haben einfach weitergemacht«, sagte Malina und schaute Amira fragend an. »Die erste Nacht zumindest.«

»In der zweiten Nacht hat uns die Zigeunerin verkauft.«

»Was soll das heißen?«, fragte ich nach. »Verkauft?«

»Da kamen Typen in unsere Unterkunft. Die zwangen uns mitzukommen. Sie sagten, die Zigeunerin hätte das veranlasst. Das waren irgendwelche Menschenhändler. Keine Ahnung. Sie nahmen uns mit auf die Straße und setzten uns in ihr Auto. So ein teuren, schwarzlackierten BMW. Und während wir in dem Auto saßen, gaben uns die Kerle irgendwelche Drogen. Keine Ahnung, was das war. Ein normaler Joint zuerst, aber dann spritzten sie uns etwas und … und dann erinnere ich mich an nichts mehr.«

»Ich mich auch nicht«

Ich schüttelte den Kopf. Was für eine Geschichte. Wie dumm und naiv wir doch waren. Wir hatten ja mit vielem gerechnet. Aber doch nicht mit sowas.

»Was ist dann passiert?«

»Irgendwann kam die Polizei. Und holte uns da raus. Sie erzählten uns später, dass wir mit dreißig Frauen in einem Lagerhaus untergebracht waren.«

Amira fing an zu weinen. »Wie bei so einer … Massentierhaltung, sagte der Polizist.«

»Ihr erinnert euch an gar nichts mehr?«

»Vielleicht ist es auch besser so«, sagte Amira und wischte sich die Tränen weg. »Wir wurden in ein Krankenhaus gebracht und entgiftet.«

»Und es geht euch gut?«

Die beiden schwiegen und schauten auf den Boden.

»Was ist los?«, fragte ich.

Keine Antwort.

»Na kommt schon …«

»Die Ärzte haben gesagt, dass …«, Malina fing jetzt an zu weinen. Oh Mann. So hatte ich sie noch nie gesehen. Das arme Kind.

»Die Ärzte haben gesagt, dass Malina wohl in dieser Zeit mit HIV infiziert wurde«, brachte Amira den Satz zu Ende.

»Ach du Scheiße …« Ich nahm meine Freundin in den Arm. Wir weinten gemeinsam. Die Zigeunerin wurde an dem Abend, an dem Malina und Amira gerettet wurden, verhaftet. Sie bekam einen Gerichtsprozess und wurde zu 15 Jahren Haft verurteilt. Daraufhin hat sie sich erhängt.

Ich überlegte in diesen Tagen, wie es weitergehen sollte. Mein Einstieg in das Nuttengeschäft war eine Katastrophe. Was meinen Freundinnen passierte, war ein Albtraum. Alles, wirklich alles sprach dafür, es einfach bleiben zu lassen. Ich hätte meinen Realschulabschluss fertigmachen und mir einen Ausbildungsplatz suchen können. Ich wäre so gerne Ergotherapeutin geworden. Und ich war ja mit einem blauen Auge davongekommen. Aber irgendetwas in mir sagte, dass ich es doch noch einmal probieren müsste. Ich wusste nicht warum. Ich wusste, dass es wahnsinnig war. Vielleicht war ich innerlich schon so sehr darauf eingestellt, eine Nutte zu werden, dass ich in mir selbst nichts anderes mehr sah. Vielleicht waren die Verlockungen von Reichtum auch einfach so groß, dass ich ihnen nicht widerstehen konnte. Ich wusste nur, dass ich es noch einmal versuchen musste. Ein letztes Mal. Aber wo? Hamburg war für mich keine Alternative mehr. »Wieso fährst du nicht nach Bonn?«, fragte mich eine Freundin.

»Bonn? Wieso Bonn?«

»Bonn ist Regierungssitz. In der Stadt gibt es jede Menge reiche Politiker und Diplomaten.«

Das klang nicht schlecht. Im Gegenteil. Das klang wie der perfekte Ort für eine junge Frau, die Geld verdienen wollte. Der perfekte Ort für eine angehende Nutte.

Ich packte also ein paar Sachen, ging zum Bahnhof und fuhr mit zwanzig Mark in der Tasche nach Bonn. Da ich nicht mehr genug Geld für ein Ticket hatte, schloss ich mich die ganze Fahrt über in der Zugtoilette ein. Es funktionierte. Ich wurde nicht kontrolliert. Als ich am Bonner Hauptbahnhof ankam, ging gerade die Sonne unter. Ich schaute mich um. Das sollte der Regierungssitz sein? Ich schaute noch einmal an die Anzeigetafel. »Willkommen in Bonn«. Tatsächlich. Was für ein Drecksloch. Am Boden saßen Junkies und Penner mit vollgeschissenen Hosen, Penner bettelten die Leute, die aus dem Zug stiegen, nach ein paar D-Mark an und neben einem Hähnchengrill saßen ein paar Kanacken, die völlig ungestört Gras rauchten. Bonn war ziemlich schäbig. Viel schäbiger, als ich es mir hätte vorstellen können. Aber gut. Ich ging zu dem Stein, auf dem die Kanaken saßen und sprach sie an.

»Hey Jungs. Habt ihr was zu rauchen?«

Sie grinsten und klärten mir etwas Gras.

»Wisst ihr, wo ich hier arbeiten kann? Ich bin neu in der Stadt.«

»Als was willst du denn arbeiten?«

»Als Nutte.«

»Oh. Puh. Keine Ahnung«, sagte einer und fasste sich verlegen an den Hinterkopf.

»Echt, das wüsste ich jetzt auch nicht«, sagte der zweite.

»Ach kommt schon, Jungs. Macht mal nicht auf Engel hier.«

»Naja, da gibt es einen Puff. Angeblich. Hinter Knauber. Das ist so ein bekannter Baumarkt hier. Aber keine Ahnung, da war ich noch nie ...«

»Ja, alles klar ...«

»Bonn17 heißt der.«

»Hinter Knauber?«

»Genau.«

Ich bedankte mich, drückte ihnen einen Zehner für das Gras in die Hand und machte mich auf den Weg. In der Innenstadt fragte mich bei den Leuten durch. Das Bonn17 hinter Knauber war tatsächlich der berühmteste Puff in der Stadt. Außen hingen ein paar rote Lampen an den mit roter Folie bezogenen Fenstern, die signalisieren sollten, was innen abging. Bonn war zwar auf der einen Seite sehr verkommen, aber auf der anderen Seite auch ziemlich bieder, sodass man die Leute wirklich sehr genau darauf hinweisen muss, wo was passierte. Und hier passierte sehr viel. Denn auch die Straße vor dem Bonn17 war schon ein Straßenstrich. Das gesamte Rotlichtmilieu auf kleinstem Raum. Ich ging in den Puff und fragte, ob man dort für mich Arbeit hätte. Der Wirtschafter dort musterte mich, überlegte ein bisschen und sagte dann, dass sie ein Zimmer frei hätten, für hundertdreißig Euro Tagesmiete. Und von diesem Tag an war ich Nutte im Bonn17.

In dieser Zeit lernte ich eine Althure kennen, zu der ich eine ganz besondere Beziehung hatte. Sie hieß Elise. Elise war eine richtig abgewichste Frau. Sie war Mitte vierzig und hart wie Stahl. Sie lachte nie. Sie war vom Leben gezeichnet. Und sie war ziemlich verbittert. Wahrscheinlich hatte sie in zwanzig Jahren Puff so viel gesehen und mitgemacht, dass sie gar keine andere Person werden konnte als die Frau, die sie heute war. Aber das verstand ich damals noch nicht. Ich war neu. Ich war jung. Ich war naiv. Elise hatte mich immer Blick. Einmal drückte sie mich gegen die Wand. »Hör mal, Mädchen. Treib mir bloß nicht die Preise runter, nur weil du glaubst, Cash machen zu müssen, hörst du? Wir sitzen hier alle im selben Boot.«

»Fass mich besser nicht mehr an, oder ich schlag dich ins Sonderpreis-Sortiment, du Schlampe«, entgegnete ich.

Sie nickte. Das war wohl die Sprache, die sie verstand. Aber ich wusste schon, was ihr Problem war. Sie dachte: Da kommt eine junge, neue Hure, die ihr eigenes Ding machte und alles dafür tun würde, möglichst viele Freier abzustauben. Aber so war ich gar nicht drauf. Ich wollte einfach nur Geld verdienen und hatte keine Ahnung, wie der Laden lief.

Nach einer guten Woche im Puff kam eine Gruppe von Jungs. Sie wollten einen Gangbang mit mir machen. Ich sagte zu und vereinbarte einen Preis. Als sie in meinem Zimmer waren, sagten sie, dass sie nach der Nummer zahlen würden. Ich war wirklich noch nicht lange im Geschäft, aber immerhin lange genug, um zu wissen, dass ich das niemals zulassen dürfte. Es war die erste Regel, die man als Nutte lernte. Erst das Geld. Dann der Fick.

»Komm schon, lass dich erst nehmen. Wir zahlen schon, keine Sorge«, machte sich der Wortführer stark.

»Keine Chance«, beharrte ich. »Geld jetzt, oder ihr müsst euch eure Schwänze gegenseitig in den Arsch schieben.«

»Sag mal, du dumme Nutte, wie redest du?«, fiel mir einer ins Wort.

»Deal ist Deal. Es gibt hier keine Sonderkonditionen. Auch nicht für Gangbang-Homos wie euch.«

Damit schien ich einen Schritt zu weit gegangen zu sein. Einer der Typen fühlte sich offenbar so stark in seiner Ehre verletzt, dass er direkt auf mich losging. Er bretterte mir eine. Aber das ließ ich nicht mit mir machen. Ich schlug sofort zurück. Dann gingen fünf Mann auf mich drauf. Ich wehrte mich. Kratzte. Schlug mit Fäusten zu. Schrie. Nach wenigen Sekunden ging die Tür auf. Elise kam rein, sah, was los war, nahm sich einen Stuhl und schlug damit auf die Jungs ein. Dann zog sie ein Messer. Plötzlich wurde es ganz still im Zimmer.

»Verpisst euch!«, sagte sie scharf. »Sofort.«

Alter, sogar ich bekam in diesem Moment Angst vor Elise, obwohl sie ja auf meiner Seite war. Die Jungs nahmen die Fäuste runter, nickten und verließen ehrfürchtig mein Zimmer. In dem Moment kam unser Security-Mann angelaufen. »Alles okay?«, fragte er.

»Ja, aber das hat sie nicht dir zu verdanken!«, fuhr Elise ihn an und gab ihm zu verstehen, dass er verschwinden sollte.

»Danke«, sagte ich. »Das hättest du nicht tun müssen.«

»Doch, das musste ich tun. Es gibt sowas wie Nutten-Solidarität«, sagte Elise. »Wir stechen uns gegenseitig sowieso die Augen aus. Aber gegen Fremde müssen wir zusammenhalten.«

Nutten-Solidarität. Das gefiel mir.

Und ihr gefiel offenbar, dass ich härter war, als sie gedacht hatte. Wir freundeten uns an. Aber mit Elise verband mich keine normale Freundschaft. Viel mehr wurde sie eine Art Mentorin für mich.

Als ich einmal einen Kunden hatte, kam sie in mein Zimmer gestürmt.

»Sag mal, bist du wahnsinnig?«, schrie sie. »Du fickst den ja!«

»Ja, klar, der hat bezahlt!«

Der Typ wusste gar nicht, was hier passierte. Er schaute sich um und zog sich die Decke über.

»Das geht nicht, wir ficken hier nicht.«

»Was laberst du, Alter?«, fragte ich. Ich hatte mich von dem Kerl richtig hart durchficken lassen.

»Dumme Nutte bist du«, sagte Elise, drückte auf den Security-Knopf und ließ den Kerl rauswerfen.

»Aber warum?«, schrie er. »Was habe ich getan?«

»Versuchte Vergewaltigung«, sagte Elise zu dem Türsteher.

»Was? Nein! Nein, das stimmt nicht! Nein!«, sagte der Freier, während unser Security-Mann auf ihn einprügelte und ihn dann nackt aus dem Puff schmiss.

Elise setzte sich auf mein Bett. »Hör zu, Ewa, ich weiß, du bist neu. Aber du musst die Standards lernen. Es gibt drei Grundregeln. Erstens: erst kassieren, dann assistieren. Zweitens: Jeder Freier wird abgezockt. Und zwar aus Prinzip. Drittens: Du fickst die nicht. Nur im äußersten Notfall.«

Sie brachte mir alles bei. Sie brachte mir bei, wie ich die Preise hochtrieb. Sie brachte mir bei, wie ich die Kerle dazu bekam, den Preis für Ficken zu bezahlen, aber es doch nur mit der Hand besorgt zu bekommen (»Verkehr hatten wir gesagt, ja, aber nicht Geschlechtsverkehr. Das kostet noch mal mehr«). Sie brachte mir bei, wie ich »auf Falle« fickte. Der Freier denkt, er steckt ihn rein, aber in Wahrheit simuliere ich meine Muschi nur mit meiner Hand.

Elise brachte mir bei, wie ich die Männer so richtig abzockte.

Eines Tages setzte ich mich auf mein Bett und dachte nach. Dachte über all das nach, was mir in den letzten Wochen und Monaten passiert war. Ich dachte an Amira und Malina, die verkauft und unter Drogen gesetzt worden waren. Dachte an die Schläge, die ich schon kassiert hatte. Dachte an meine Vergewaltigung im Kindesalter. Dachte an die ganze Scheiße, die ich mein Leben nannte. So konnte es nicht weitergehen. Ich spielte mit dem Gedanken auszusteigen. Das Geld war gut. Aber das Geld war es mir nicht wert, meinen Stolz zu verkaufen.

»Was los mit dir, Süße?«, fragte mich Elise, als sie in mein Zimmer kam. »Du siehst traurig aus.«

Ich steckte mir einen Joint an. »Ich bin mir nicht sicher, ob das hier das Richtige für mich ist«, sagte ich.

Elise grinste. »Um ehrlich zu sein, kenne ich keine geeignetere Nutte als dich.«

Ich zog an meinem Joint und blies den Rauch aus dem Fenster. »Ich habe einfach keine Lust mehr, wie ein Hund zu leben.«

»Nein. Du sollst auch nicht wie ein Hund leben. Du sollst wie eine Königin leben. Das ist eine Einstellungssache.«

Sie tippte mit ihrem Finger auf meinen Kopf. »Und das beginnt hier. Du musst lernen, stolz darauf zu sein, was du tust. Du bist eine Hure. Trag den Titel mit Würde.«

Ich dachte darüber nach, was sie sagte. Und sie hatte recht.

»Du bist nicht fremdbestimmt, Ewa. Nur weil ein Mann bezahlt, verfügt er nicht über dich. Du verfügst über ihn. Er kommt zu dir. Er will etwas von dir. Du hast das Sagen.«

Ich nickte. »Und im Zweifel zocke ich ihn ab …«

»Nein!«, sagte Elise. »Du zockst ihn immer ab. Aus Prinzip. Weil er ein Freier ist. Das ist dein Zimmer. Dein Reich. Du bist Chefin hier.«

Gott, war ich froh, dass ich Elise hatte.

»Danke«, sagte ich. »Was würde ich nur ohne dich machen?«

Elise verließ mein Zimmer. Sie hatte recht. Es war alles eine Kopfsache. Mir wurde klar, wie viel Geld ich verdiente. Wie viel Geld ich jeden Tag machte. Und womit? Einfach nur, weil ich ein paar Kerle abzockte. Die Probleme, die ich früher hatte, die habe ich heute nicht mehr. Ich erinnerte mich zurück, als ich noch in einem Pappkarton schlafen musste. Jetzt hatte ich so viel Geld, dass ich mir ein Haus mieten könnte. Und irgendwann, da würde ich so viel Geld haben, dass ich mir ein Haus kaufen könnte.

Von diesem Tag an hatte sich etwas in meinem Denken verändert. Von diesem Tag an war ich eine stolze Nutte geworden. Und von diesem Tag an war es nur noch ein Schritt, bis ich eine abgewichste Hure war.

Und genau an diesem Tag kam Jonas. Jonas war so etwas wie meine Gesellenprüfung, ach was, mein Meisterstück. Jonas war der erste Freier, den ich nach Strich und Faden komplett ausnahm. Nicht nur so zögerlich, wie die Typen zuvor. Jonas war ein Party-Freier. Er kam nicht bloß, um zu ficken. Er kam, weil er mit einer Nutte eine geile Zeit verbringen wollte: koksen, saufen, feiern. Ich versuchte alles, wirklich alles, was ich bei Elise gelernt hatte, bei Jonas anzuwenden. Er war das perfekte Opfer. Er wollte jemand darstellen, der er nicht war, das durchschaute man schnell. Er machte auf dicke Hose, hatte aber riesige Minderwertigkeitskomplexe. Das haben alle Party-Freier. Sonst hätten sie es nicht nötig, eine Party mit einer Nutte zu verbringen. Sonst würden sie eine Party mit ihren Freunden feiern.

»Hör mal, Süßer«, fing ich direkt an, ihn hochzupokern. »Feiern ist super, aber kostet natürlich extra. Nachtzuschlag, du verstehst?«

»Klar«, sagte er. »Das ist okay.«

»Und um ganz ehrlich zu sein, eine Party zu zweit ist eine coole Sache, aber eine Party zu dritt, das wäre doch wirklich viel spannender, oder?«

»Mhm, ja, da könntest du schon recht haben.«

»Ich habe da eine gute Freundin. Nina. Das ist ein richtiges Partybiest. Die ist echt wild drauf. Und sie ist auch eine Nutte. Wollen wir sie nicht dazuholen?«

»Klingt total super, Ewa.«

Toll, wie leicht das ging. Ich ging in Ninas Zimmer, weihte sie ein, und dann schmierten wir Jonas jede Menge Honig um den Mund. Wie schön er wäre. Was für ein cooler Typ er doch sei. All so was. Er fiel drauf rein. Man merkte, wie er sich von Minute zu Minute wohler bei uns fühlte. Das war die Grundlage für alles, was noch kommen sollte. Dann zog er ein Tütchen mit Koks aus seiner Tasche.

»Wow, du bist nicht nur ein geiler Typ, du fährst auch noch den perfekten Lifestyle«, sagte ich und meinte das sogar ernst. Bei Koks war ich voll dabei.

»Ist aber nur ein Gramm«, sagte er.

»Ja, das ist viel zu wenig«, sagte Nina und machte ein trauriges Gesicht. Das reicht für eine Stunde, aber doch nicht für einen ganzen Partyabend.

»Mhhhm, das finde ich auch«, stimmte ich ein und machte auch ein trauriges Gesicht. »Hast du echt nicht noch mehr?«

»Im Moment nicht«, sagte er skeptisch.

Nina legte sich derweil auf den Bauch und ich verteilte zwei Lines auf ihrem Arsch. Dann zog ich Jonas die Geldbörse aus der Tasche und holte einen Fünfhundert-Euro-Schein raus, den ich rollte und ihm ihn die Hand drückte. Er zog die Linie weg. Dann war ich dran. Ich sniffte das Zeug und steckte den gerollten Schein in meinen BH.

»Hör mal, Tiger. Ich kenne einen Dealer. Der könnte uns mehr besorgen. Aber nur wenn du willst.«

»Ja, klar.«

»Aber das kostet auch einen kleinen Aufpreis.«

Durch das Koks war Jonas mittlerweile in eine Art Supermann-Modus eingetreten. Er fühlte sich wie ein unantastbarer Gott.

»Scheiß drauf, ich bin eh reich.«

»Echt?«, himmelte ich ihn künstlich an. »Wie reich denn?«

»Habe von meiner Familie Immobilien geerbt. In Deutschland und in Griechenland. Davon kann ich schon ziemlich gut leben.«

»Wooow«, übernahm Nina und verwickelte ihn in ein Gespräch.

»Ich würde dann mal das Koks holen. Hast du noch Geld?«

Jonas zog seine Geldbörse aus der Tasche und hatte schon vergessen, dass ich ihm einen Lilanen gezockt hatte.

»Scheiße, kein Bargeld.«

»Egal, gib Karte. Ich hole was von der Bank ab.«

»Das würdest du machen?«, fragte er happy.

»Klar, und du lässt dir von Nina derweil einen lutschen.«

Nina schaute mich mit scharfem Blick an, Jonas gab mir eine EC-Karte und verriet mir seine PIN-Nummer. Gott, dachte ich mir. Wie kann ein einzelner Mann nur so blöd sein?

Ich ging zu seiner Bank und hob mit der Geheimzahl fünftausend Euro ab. Ich schaute mir die Karte an. Es war die Bankkarte seiner Frau. Was für ein Bastard. Mit dem Geld ging ich zu unserem Dealer, kaufte für einen Hunni noch ein wenig Koks, ging wieder zur Bank, hob noch mal fünftausend Euro ab und freute mich, dass sein Konto wohl kein Limit hatte. Zumindest keins, was ich schon erreicht hätte.

Als ich zurück in den Puff kam, lag Jonas nachdenklich auf dem Bett. Er kam wohl gerade von seinem Trip runter. Er wirkte melancholisch.

»Was ist denn mit dir los, Schatz? Wieso ist hier keine Partystimmung mehr?«

Ich schaute Nina vorwurfsvoll an. Wenn er depri war, würde er sich nicht mehr ausnehmen lassen. Aber sie gab mir zu verstehen, dass sie einen Plan hatte.

»Mensch Ewa«, sagte sie mit traurigem Gesicht. »Der Jonas hat gerade erzählt, wie schlimm es um seine Ehe steht.«

»Waaas? Wie kann das sein?«, stimmte ich sofort ein. »Jede Frau würde vor Dankbarkeit auf dem Boden knien, wenn sie so einen Mann hätte wie dich!«

»Findest du echt?«

»Total.«

»Wow, meine Frau weiß irgendwie gar nicht zu schätzen, wie ich bin.«

»Das kann doch nicht sein …«

»Doch! Ich wünschte, sie wäre mehr so wie ihr. Besonders so wie du, Ewa. Nichts gegen dich, Nina. Aber du, Ewa, du bist so … whoaaa. So stark.«

»Glaub mir, Schatz, ich würde sterben für einen Mann wie dich.«

Nina und ich streichelten seinen Kopf. Dieser Vollidiot.

»Aber … aber … dann komm doch zu mir.« Er wurde plötzlich ganz enthusiastisch. »Zieh in eines meiner Häuser. Ich trenne mich von meiner Frau. Wir könnten zusammen sein. Wir könnten immer Party machen.«

Ich schaute nachdenklich aus dem Fenster. »Das wird für immer ein Traum bleiben.«

»Nein«, sagte er und stand auf. »Ich meine es ernst. Wir können das machen.«

»Jonas«, sagte ich in traurigem Ton. »Denkst du denn, ich arbeite freiwillig in einem Puff? Ich muss das tun. Ich muss es tun, weil ich Schulden bei jemandem habe. Und dieser Typ ist verdammt noch mal gefährlich.«

»Wie hoch?«

»Was?«

»Wie hoch sind deine Schulden?«

Ich dachte nach. Okay, Ewa, überspann jetzt bloß nicht den Bogen.

»Siebzigtausend Euro«, sagte ich aus dem Bauch heraus.

»Kein Problem«, sagte Jonas sofort. »Das Geld habe ich. Ich löse dich aus.«

»Das kann ich unmöglich von dir verlangen!«

»Doch! Ich bestehe drauf. Und zwar noch heute Nacht. Ich will, dass du mit mir nach Bad Homburg kommst. Dort habe ich eine Immobilie. Dort kannst du leben.«

Ich umarmte ihn mit gespielter Freude und ließ mich dann von ihm ficken. Dann koksten wir noch eine Runde und beendeten die Party. Ich packte eine kleine Tasche und fuhr mit Jonas nach Bad Homburg. Dort hatte er tatsächlich ein kleines Haus. Es war ziemlich schön. Modern eingerichtet, teure Teppiche, teure Möbel.

»Das hat eine Innenarchitektin gemacht«, sagte er stolz.

»Ja, wow, nicht schlecht.« Ich betrachtete mich in dem großen Spiegel, der in dem Flur hing. Flur. Eigentlich war es mehr eine Art Lobby. Ich schaute mich an. Sah mich im Spiegel und fragte mich für ein paar Sekunden, ob das wirklich noch ich war. Ich war wirklich bereit, diesen Kerl nach Strich und Faden abzuziehen. Nicht nur so ein bisschen. Wie die anderen Freier. Nein, ich würde ihn wirklich ausnehmen. Konnte ich das mit mir vereinbaren? Und dann dachte ich wieder an die erste Nacht mit ihm. Dachte an die Bankkarte seiner Frau. Verdammter Wichser. Natürlich konnte ich.

Ich wohnte zwei Tage mit ihm in seinem kleinen, luxuriösen Haus. Dann gab er mir die siebzigtausend Euro. In bar. In einem Briefumschlag. Ich küsste ihn auf die Wange, bedankte mich und sagte, dass ich zu meinem Zuhälter nach Hamburg fahren werde und die Sache ein für alle Mal kläre. Danach würde ich zurück in das Haus kommen. Er solle seiner Frau schon einmal klarmachen, dass sie keine Zukunft mehr haben.

»Das werde ich«, flüsterte er und strahlte.

Ich nahm das Geld und fuhr nach Polen. Ich rief Elise in Bonn an und sagte, sie soll mich verleugnen, wenn jemand fragen würde. Ich mache erst mal drei Monate Urlaub.

»Hattest du einen Jackpot?«

»Und was für einen.«

»Ich bin stolz auf dich, Mädchen.« In Polen besuchte ich meine Familie. Ich beschenkte sie reich. Jeder meiner Cousins bekam einen fetten Batzen Geld in die Hand gedrückt.

»Mensch, Ewa, wo hast du das denn alles verdient?«, fragte meine Lieblingstante.

»Du, Tante. Ich habe klug in Immobilien investiert. Deutschland gutes Land.«

Nach ein paar Wochen bin ich dann wieder zurück nach Deutschland gegangen, zurück nach Bonn. Siebzigtausend Euro halten auch nicht ewig, vor allem, wenn man mit dem Geld so um sich schmeißt, wie ich mit dem Geld um mich geschmissen habe. Jonas hatte wohl gar nicht richtig nach mir gesucht, wahrscheinlich war es ihm peinlich und sein Leben lag eh in Scherben.

»Einmal war er da«, erzählte Nina. »Aber dann nicht mehr.«

»Wie war er drauf?«

»Er sah sehr traurig aus.«

»Gut so.«

Ich hatte bald wieder meinen Alltag im Bonn17. Bediente Kunden, zockte Freier ab und verprasste mein Geld. Alles war wie immer.

Bis an einem Mittwochnachmittag eine Gruppe von Kanaken in den Puff kam. Sechs, sieben Mann. Sie hatten eine große Sporttasche dabei und liefen von Zimmer zu Zimmer, um irgendwas zu verticken.

Alles klar, dachte ich. Die Typen haben Eier, hier ganz offen Drogen zu verkaufen. Aber guter Service. Ihr Anführer war ein breiter Zwei-Meter-Mann. Er hatte eine Glatze und war durchtrainiert. Und der Junge konnte verdammt gut reden. Der geborene Verkäufer. Nach ein paar Minuten klopften sie auch an meine Tür.

»Yooo, Schwester«, fing er an. »Hast du Interesse an heißer Ware?«

»Aber so was von!«

»Sehr gut, sehr gut«, sagte er, kam in mein Zimmer und stellte seine Sporttasche auf mein Bett.

Ich öffnete sie und … verdammt. Was war das denn?

»Willst du mich verarschen?«

»Verarschen? Schwester, das ist beste Ware. Glaub mir. Originalprodukte. Wir machen dir einen richtig guten Preis.«

In der Tasche waren gefälschte Parfums.

»Ihr kommt hierher, um Fake-Parfum zu verticken?«

»Was Fake! Das ist Original! Mädchen, alles was du willst. Chanel, Yves Saint Laurent, Prada, sag nur, was du brauchst.«

Ich zog eine der Flaschen raus. »*Schannel* steht da drauf.«

»Ja, klar. Die haben wir in Frankreich abgezogen. Da wird die Marke anders geschrieben.«

»Fuck Off!«, sagte ich und schmiss ihm die Sporttasche entgegen. »Ich dachte, ihr dealt mit gutem Stoff … «

»Schwester, ganz ruhig«, machte er auf Diplomat. »Wir dealen mit allem, was du willst. Ich seh schon, du hast mehr Interesse an anderen Dingen.«

Er öffnete seinen Bauchbeutel und zog ein Päckchen Gras raus.

»Hier. Weil du neu bist, umsonst. Ab sofort kaufst du dafür aber nur noch bei mir.«

»Wenn das Zeug ne bessere Quali hat als eure Parfums ist das ein Deal.«

Ich mochte den Kerl. Er war mindestens genauso verschlagen wie ich und wusste, was er wollte. Nämlich para machen. Geld verdienen. Man merkte, dass der Kerl hungrig war.

»Wie heißt du?«, fragte er mich.

»Ewa. Und du?«

»Giwar. Was los, Ewa? Hast du nicht Lust, mit meinen Jungs und mir ein bisschen feiern zu gehen?«

»Warum nicht …«

Ich konnte eine neue Connection ganz gut gebrauchen. Ich kannte in Bonn niemanden. Außer den Nutten, mit denen ich zusammenarbeitete. Aber außer ihnen war ich doch ziemlich alleine. Giwar hingegen schien bestens vernetzt zu sein. Ich lernte seine Crew kennen. Sie nannten sich die BBA. Die Brüser Berger Asis. Benannt nach dem Stadtteil, aus dem sie kamen. Das erinnerte mich ein bisschen an meine eigene Crew. Die Anti Potato Terror Organisation. Nur waren wir damals zehn Jahre alt gewesen. Diese Jungs waren Anfang zwanzig. Aber hey, sie haben sich ihre Ideale bewahrt.

Und sie waren cool drauf. Von nun an hingen wir ständig zusammen ab. Wir fuhren nach Köln und nahmen dort die Clubs auseinander. Ich brachte jedes Mal ein paar Nutten für die Jungs mit. Einfach nur für die bessere Gesellschaft. Keine von uns hatte jemals was mit einem von ihnen. Wir feierten einfach nur gut zusammen. Freundschaft und Arbeit sollte man klar trennen. Und wir wurden zu Freunden.

Giwar und seine Jungs hatten jede Menge kriminelle Energie. Ich unterhielt mich oft mit Giwar und merkte schnell, dass wir beide denselben Antrieb hatten. Wir wollten Geld verdienen. Schnelles Geld. Er erzählte mir, dass seine Eltern kurdische Freiheitskämpfer waren und dass er in seiner Jugend viel Ausgrenzung erfahren musste. Dabei war der Typ nicht nur hochintelligent, sondern auch hochbegabt. Er war ein musikalisches Wunderkind. Er konnte perfekt Klavier spielen.

Irgendwelche Klassiker. Mozart, Chopin. Ich hatte von diesen Namen vorher noch nie etwas gehört. Und dennoch wollte man ihn nicht an der Gesellschaft teilhaben lassen, wie er sagte. Also nahm er sich seinen Platz. Mit Gewalt. Ich half den Jungs bei ein paar Dingern. Gab ihnen Tipps, wo sie lukrativ einbrechen konnten. Ich kannte ja die besten Häuser von meinen Freiern, die mich manchmal dorthin einluden.

Eines Tages machte ich mich gerade fertig, um mit den Jungs feiern zu gehen, da kam Elise in mein Zimmer. »Ewa, ich muss mit dir reden.«

»Was geht?«, fragte ich und zog meinen Lippenstift nach.

»Ich werde gehen.«

Ich drehte mich zu ihr um und schaute sie mit großen Augen an. »Was sagst du da?«

»Ich werde gehen. Ich muss weiterziehen. Eine andere Stadt. Ich war lange genug in Bonn. Es gibt hier für mich nichts mehr zu holen.«

Ich dachte, ich höre nicht richtig. »Nein, Mann! Das kannst du nicht machen. Du kannst mich doch nicht alleine hier zurücklassen! Was soll ich ohne dich denn hier anstellen?«

Sie lächelte. Zum ersten Mal sah ich sie wirklich lächeln. »Ewa, glaub mir. Dir kann ich nichts mehr beibringen. Du bist die abgewichsteste Hure, die ich kenne. Du bist ja sogar noch abgewichster als ich.«

Für mich brach eine Welt zusammen. Elise war für mich beinahe eine Art Mutterfigur. Der Gedanke, dass sie weg war, war furchtbar. »Ich komme mit!«, bot ich an.

»Nein, Süße. Jede Nutte geht ihren eigenen Weg. Wir werden uns schon noch mal wiedersehen, mach dir keine Sorgen.«

Dann umarmte sie mich. Sie saß schon auf gepackten Koffern. Ich war todtraurig. An diesem Abend gab ich mir mit Giwar und seinen Jungs komplett die Kante.

Seit Elise weg war, hing ich nur noch mit den BBA-Jungs ab. Wir waren in den edelsten Discos unterwegs, immer im VIP, ließen uns die teuersten Flaschen auf den Tisch stellen. Wir lebten das Leben, das uns niemals jemand zugetraut hätte. Die Kanaken und die Polackin. Wer hätte das gedacht? Aber mit den vielen Partys versuchte ich auch, die Leere auszufüllen, die ich empfand. Seit Elise weg war, war alles anders. Ich ging jetzt auch wieder öfters auf den Straßenstrich. Für diese Zeit ließ ich mein Zimmer im Bonn17 an eine andere Nutte untervermieten. Es machte keinen Sinn, im Puff zu wohnen, aber auf der Straße zu arbeiten. Giwar ließ mich in dieser Zeit hin und wieder in seiner kleinen Dealerwohnung wohnen. Na ja, nicht ganz. Er ließ mich im Keller seiner Dealerwohnung wohnen. Weil er zu viel Angst hatte, dass ich ihm seine geklauten Laptops klaue. Mann, war das alles schizophren.

Irgendwann zog ich dann wieder zurück ins Bonn17.

In jedem Puff gibt es ein Mädchen für alles. Einen Handlanger, der alles macht. Aufräumen, Wäsche waschen, Kondome auslegen. Unser Handlager war eine kleine Thailänderin. Wir nannten sie alle Sing. Sing hatte etwas Verschlagenes. Sie war ein Geier. Sie war ziemlich abgewichst. Ich hatte das Gefühl, sie war oft gar nicht so wirklich bei uns. War gedanklich immer ganz woanders. Bekam einfach nicht mehr viel mit. Ich wollte mir kein Urteil über sie erlauben. Keine Ahnung, was ihre Geschichte war. Vielleicht hatte sie auch viel Scheiße gefressen. Ich versuchte, immer freundlich zu ihr zu sein, auch wenn ihre einzige Reaktion war, dass sie mich dafür ignorierte.

Irgendwann streifte ich in den frühen Morgenstunden einmal um den Laden. Ich war nicht sonderlich gut drauf, hatte tausend Gedanken im Kopf und miese Depris. Ich fragte mich noch immer, ob der Job der richtige war. Ich machte mein Ding, ich verdiente mein Geld, aber es fuckte mich alles ab. So viele widerliche Kerle, die ich bedienen musste. So viele stinkende Typen, die ich rauswarf, weil ich sie nicht ertragen konnte. Würde ich jemals damit umgehen können? Als ich über den Hinterhof von unserem Puff ging, sah ich Sing. Sie saß auf dem Boden und zog an so einer merkwürdigen Flaschenkonstruktion, die sie sich zusammengebaut hatte. Ich dachte, es war eine Bong.

»Hey, na?«, sagte ich.

Sie zuckte zusammen, als sie mich sah. Vielleicht fühlte sie sich ertappt.

»Chill! Alles gut. Kannst doch rauchen, alles gut, ich verpfeife dich nicht.« Ich setzte mich zu ihr.

Sing war kein Mensch der großen Worte. Sie rauchte weiter und tat so, als wäre ich gar nicht da.

»Kann ich mal ziehen?«, fragte ich.

Sie schaute mich ganz schräg von der Seite an. Wahrscheinlich hätte sie am liebsten Nein gesagt. Aber dafür, dass ich sie nicht verraten würde, war sie offenbar bereit, einen Zug von ihrer Bong abzutreten. Mann, Mann, Mann, dachte ich. Wie kann man nur so verbittert sein? Ich zog die Flasche zu mir, atmete den Rauch ein und … Fuuuuuuck! Was war das? Es war auf einen Schlag so, als hätte man mir den Strom abgestellt. Als wäre eine Sicherung rausgeflogen. Mein gesamtes Wahrnehmungssystem war auf einen Schlag runtergefahren. Alles war gedämpft. Ich war in einem Zustand kompletter Entspannung. Ich war nicht mehr in dieser Welt. Ich lehnte mich an die Wand in meinem Rücken und schloss die Augen. Alles war weg. Alles war komplett weg …

Und dann hörte ich zwei Stimmen. Ich fühlte eine Hand an meiner Schulter. Zwei Hände. Sie schüttelten mich.

»Ewa? Ewa? Lebst du noch?«

Ich öffnete langsam die Augen. Vor mir standen zwei Mädchen. »Eeeeeewaaaaa, haaaaallo?«

Ich brauchte ein paar Sekunden, um mich zu orientieren. Dann war ich langsam wieder da.

»Was ist los?«, fragte ich noch leicht benommen.

»Was los ist? Sag du uns das.«

Ich schaute mich um. Ich saß noch immer in dem Innenhof. Aber die Sonne schien. Es war hell. Es war Tag. Sing war nicht mehr da.

»Wie spät ist es?«, fragte ich.

»16 Uhr«, sagte eines der Mädchen.

»Was?« Ich sprang auf. »Wie zur Hölle kann das sein?« Mir war schwindelig. Ich konnte mich kaum auf den Beinen halten. Ich schwitzte.

»Ewa, ist alles okay bei dir?«, fragten mich die Mädchen noch mal. Sie sahen ernsthaft besorgt aus.

»Ja«, versuchte ich sie und mich selbst zu beruhigen. »Alles okay. Wo … habt ihr Sing gesehen?«

»Ja, sie arbeitet drinnen. Ganz normal.«

Ich ging zurück in den Puff und suchte Sing. Ich fand sie im Gemeinschaftsraum. »Sag mal, hast du den Verstand verloren? Was lässt du mich da draußen liegen?«, machte ich sie an.

Sie zuckte nur mit den Schultern und räumte weiter Handtücher in ihren Putzwagen. »Du geschlafen. Wenn schlafen, dann schlafen«, murmelte sie vor sich hin.

»Sag mal, Sing … was war das für ein Zeug, das wir da geraucht haben? Das war doch kein Gras.«

»Nix Gras.«

»Sondern?«

»Crack.«

Ohh fuck! Ich hatte gestern Nacht zum ersten Mal ganz aus Versehen Crack geraucht. Krasse Scheiße.

»Und …«, fragte ich weiter, weil ich nicht anders konnte. »… hast du noch mehr davon?«

»Sicher. Heute Abend in dein Zimmer. Aber nix umsonst.«

»Nein, schon klar.«

Ich ging zurück auf mein Zimmer, duschte, machte mich fertig und empfing die ersten Kunden. Während ich mich ficken ließ, dachte ich aber nur an das Crack. Was für ein Trip das war! Und ich hatte nur einen Zug genommen. Ich sehnte mich nach diesem Gefühl zurück. Einfach abzuschalten. Ich konnte es kaum erwarten, es noch einmal zu erleben. In meinem Kopf wusste ich, dass Crack nichts Gutes war. Dass es einen kaputt machen soll. Aber Scheiße, was ich da erlebt hatte, das war himmlisch gewesen.

»Ey«, fragte der Typ, der mich gerade durchvögelte. »Ist alles okay bei dir?«

»Ja, Schatz, alles gut.«

»Du scheinst in Gedanken ganz woanders zu sein.«

»Ach Süßer, du fickst mich in andere Sphären«, wich ich aus und ließ den Typen weitermachen.

Als mein letzter Kunde ging, kam Sing. Endlich. Sie brachte das Zeug mit und ließ sich von mir bezahlen. Dann kochte sie das Crack mit Ammoniak auf und rauchte es. Ich nahm einen Zug und war wieder sofort geflasht. Ich habe so auf diesen Geschmack gegeiert, dass ich den Rauch nicht ausblies. Ich versuchte, ihn zu schlucken. Ich versuchte, ihn komplett in mir aufzunehmen.

»Mach das nicht immer«, schimpfte sie. Aber ich nahm Sing schon gar nicht mehr wahr. Ich war wieder in meiner ganz eigenen Realität. Es war ein Gefühl, als hätte man Schalldämpfer auf das Leben gesetzt. Alles war so ruhig. So entspannt. So leicht. Ein Zustand der kompletten Entspannung. Es war das heftigste Gefühl, das ich je in meinem Leben erlebt habe.

Sing brachte mir am nächsten Tag bei, wie man Crack kochte. Man nahm einen Löffel und vermengte dort Kokainpulver mit Ammoniak. Dann erhitzte man das Gemisch, sodass sich ein Stein bildete. Beim ersten Mal habe ich es versaut. Ich weiß bis heute nicht, wie man sowas versauen kann, aber das Zeug war danach zu nichts mehr zu gebrauchen. Ich musste zur Apotheke und neues Ammoniak kaufen. Beim zweiten Mal hat es dann funktioniert. Und ich war von jetzt an autark. Nach und nach bemerkte ich, dass es noch andere Mädchen im Haus gab, die auf das Zeug standen. Keine machte das öffentlich, es war zu krass. Mal einen Joint durchziehen, okay. Mal eine Line Koks, alles kein Problem. Aber Crack? Das war unter den meisten Nutten geächtet. Wahrscheinlich weil zu viele von ihnen gesehen hatten, was die Droge aus einem machen kann. Ich kannte zu diesem Zeitpunkt keine Cracknutten. Ich wusste nicht, was das Zeug mit meinem Körper anstellte. Ich wusste nur, dass es mir half, die Dämonen in meinem Kopf zum Schweigen zu bringen.

Die anderen Crackmädchen in unserem Puff lernte ich über einen gemeinsamen Dealer kennen. Sie erzählten mir, dass es besondere Crackkunden gäbe.

»Was sind Crackkunden?«

»Das sind die besten Freier, die du dir nur vorstellen kannst, Ewa. Die kommen nicht, um mit dir zu ficken. Die kommen, um mit dir zu rauchen und einen Trip zu erleben.«

»Üüüübelst.«

»Und sie zahlen in der Regel wahnsinnig gut.«

»Und das geht bei uns?«

»Nein, nicht im Puff. Ihr müsst euch dafür ein Hotel mieten. Sonst was. Irgendwo, wo es niemand checkt.«

Es gab in Bonn genug schäbige Hotels, in denen niemand irgendetwas checkte oder irgendetwas checken wollte. Und so mieteten wir uns ein. Und empfingen unsere Spezialkunden. Da kamen drei, vier Typen. Ganz normale Kerle. Man sah ihnen nicht an, dass sie Junkies waren. Sie waren sogar noch halbwegs gepflegt. Das kann man nicht von jedem Puffgänger behaupten. Wir begrüßten uns, ohne allzu viel zu sprechen. Wir nannten nicht mal unsere Namen. Namen spielten keine Rolle. Wir bezogen das Hotelzimmer wie eine Höhle. Breiteten uns aus. Wir zogen die Vorhänge zu, machten das Licht aus und rauchten das Zeug. Dann dämmerten wir vor uns hin. Jeder an eine der Wände gelehnt. Über Stunden. Über Tage. Ich verlor völlig mein Zeitgefühl. Ich verlor auch meine Orientierung.

Es gab Momente, da wachte ich in einer dieser Crackhöhlen auf und wusste nicht mehr wo ich bin. Ich wusste nicht mehr, welcher Tag es war, ich wusste nicht mehr, mit wem ich in diesem Zimmer war und wie lange wir schon in diesem Zimmer waren. Ich lebte nicht mehr wirklich. Ich vegetierte nur noch vor mich hin. Ich ließ mich einfach fallen. Immer tiefer und tiefer. Irgendwie würde es schon weitergehen, dachte ich. In den Momenten, in denen ich klar war, spürte ich, dass das alles in keine gute Richtung ging. Dass ich nur noch von Trip zu Trip lebte. Dass ich nicht mehr Herrin über mein Schicksal war. Das war ein schrecklicher Gedanke. Ich vertrieb ihn mit neuem Crack.

Ich wurde zum Volljunkie.

Im Bonn17 flog ich raus. Ich war zu selten da. Ich bezahlte nicht mehr regelmäßig meine Miete und ich war zu unzuverlässig. Von diesem Tag an mietete ich mir ein kleines Hotelzimmer, das zu einer Crackbude wurde. Ich bezahlte dem Hoteltypen eine Monatsrate im Voraus mit der Bedingung, dass er uns in Ruhe lassen sollte. Uns. Mich und die anderen Menschen, die in dem Zimmer rumgammelten. Ich kannte sie teilweise nicht mal. Ich wusste nur, dass sie auch Crack rauchten. Das verband uns. Gemeinsam wegzudösen war angenehmer als alleine zu sein. Man wusste, dass der andere einem helfen würde, wenn man eine Überdosis nahm. Die Wahrheit ist: Wahrscheinlich hätte niemand von den Druffis in meinem Zimmer jemals gemerkt, dass ich eine Überdosis genommen hatte und gerade starb. Ein paar Tage oder Wochen später wäre es ihnen mal aufgefallen. Aber die Illusion, dass sich rein theoretisch jemand kümmern könnte, das war schon beruhigend.

Um mein Crack zu finanzieren, musste ich allerdings Geld verdienen. Und das war gar nicht so einfach. Das Anschaffen bereitete mir viel Mühe. Die Überwindung aufzustehen und mich auf den Straßenstrich zu stellen, kostete mich Kraft. Extrem viel Kraft. Ich stand am Straßenrand und bin im Stehen immer wieder weggeknickt, weil ich so weggetreten war. Die Freier haben sich einen Spaß erlaubt und gehupt. Dann bin ich aufgewacht, orientierungslos Richtung Auto getorkelt. Aber sie lachten nur und fuhren wieder weg. Das Crack machte, dass mir alles egal wurde. Die Monate vergingen und ich rutschte immer mehr ab. Ich ließ alles mit mir machen. Ich stieg in jedes Auto. Teilweise ließ ich mich für eine Kippe ficken. Es war mir egal. Ich spürte sowieso nichts mehr.

Ich spürte nicht einmal mehr, wie sehr ich körperlich verfiel. Mir wurde das alles im Nachhinein erzählt. Dass ich mit Fäkalien an den Beinen am Strich stand. Dass meine Zähne verfault wären. Dass ich die Krätze bekam. Dass ich gestunken habe. Ich magerte völlig ab. Wog irgendwann nur noch vierzig Kilogramm. Hatte Abszesse und offene Wunden am ganzen Körper. Ich war kein Mensch mehr. Ich war ein Zombie. Ein reiner Zombie, der sich ficken ließ, um sich berauschen zu können. Ich war völlig kaputt. Aber wenn ich abends zurück in meine Crackhöhle stolperte und die Steine auf einem Alublech erhitzte, dann tauchte ich wieder ab in meine ganz eigene Realität. Ich hatte nicht den Drang, da rauszukommen. Und es gab auch niemanden, der mich da rausgezogen hätte. Was mich rettete, war mein eigener Verfall. Denn irgendwann muss es so schlimm um mich gestanden haben, dass mich einfach niemand mehr mitnahm. Nicht mal der letzte Penner wollte mich noch für eine Kippe ficken. Ich war ein komplettes Wrack. Und ich hatte irgendwann kein Geld mehr. Kein Geld mehr für Crack. Und so begann mein Entzug.

Das war kein freiwilliger Entzug. Ich hatte einfach keine andere Wahl. Ich lag in meiner Crackhöhle und schmiss alle anderen Menschen, die da rumgammelten, raus. Die meisten kannte ich ja eh nicht. Ich wollte nicht mehr schnorren. Ich wollte nicht mehr anschaffen gehen. Ich wollte einfach meine Ruhe haben. Die ersten Tage waren die Hölle. Ich bekam Fieber. Ich lag schweißgebadet im Hotelbett und hatte Halluzinationen. Verrückte Träume. Ich fantasierte von einem Hafen und einem großen Schiff, das mich abholen sollte. Das mich irgendwo hinbringen sollte. Man sagte mir den Ort nicht, aber instinktiv fühlte ich, dass es ein besserer Ort sein würde. Doch als wir mitten auf dem

Meer waren, da kam eine überdimensional große Libelle. So ein Monstervieh. Und es stach auf das Schiff ein und das Schiff begann zu sinken und ich wusste nicht, wie ich mich retten sollte. Ich wachte auf. Der Schweiß tropfte mir vom ganzen Körper. Ich bekam keine Luft.

Ich ging in das Badezimmer, um mir mein Gesicht zu waschen. Als ich den Spiegel schaute, erkannte ich mich nicht mehr wieder. Das war nicht ich, die sich da betrachtete. Das war eine widerlich verzerrte Teufelsfratze. Ich dämmerte wieder weg. Nach ein paar Stunden wachte ich wieder auf und kroch durch das abgedunkelte Hotelzimmer auf der Suche nach etwas zu essen. Ich fand nur ein paar verschimmelte Toastscheiben und würgte sie runter. Dann schlief ich wieder auf dem Boden ein.

Ich weiß nicht wie viele Tage oder Wochen so vergingen. Irgendwann aber, da wachte ich auf und hatte das Gefühl, dass es mir besser gehen würde. Dass das Fieber und der Wahn weg wären. Ich hatte Schmerzen. Mir war schlecht. Ich fühlte mich elend. Aber ich konnte wieder aufstehen. Ich konnte halbwegs klar denken. Und ich hatte nicht mehr den Drang, Crack zu nehmen. Das war der erste Tag von meinem neuen Leben.

Ich fing wieder an, mich zu pflegen. Mein Körper regenerierte sich. Ich nahm wieder normale Mahlzeiten ein. Es ging langsam voran. Aber es ging voran. Ich wusste nicht, zu wem ich gehen sollte. Ich traute mich nicht, in diesem Zustand zu Giwar und seinen Jungs zu gehen. Sie sollten mich so nicht sehen. Also ging ich wieder auf den Strich. Ich hatte keine Freunde, aber die Nutten waren meine Familie. Sie nahmen mich als eine von ihnen auf. Und nach und nach bekam ich auch wieder ein paar Freier. Ich spürte, dass es ein kleines Stück aufwärts ging.

Ich stieg wieder voll in das Berufsleben ein. Es gab drei klassische Möglichkeiten für eine Nutte zu arbeiten: das Laufhaus, den Straßenstrich und die FKK-Clubs. Die Nutten im Laufhaus schauen runter auf die Nutten auf dem Straßenstrich und die Nutten auf dem Straßenstrich schauen runter auf die Nutten im FKK-Club. Für mich wäre ein FKK-Club nie in Frage gekommen. Zum einen, weil man dort die ganze Zeit nackt rumlaufen muss und ich dafür zu verklemmt war und zum anderen, weil dort immer ohne Gummi gevögelt wurde. Das war für mich völlig undenkbar. Ich machte ja eine Menge Scheiße mit. Aber nicht so was. Im Laufhaus verdiente man am meisten, man hatte seinen geschützten Raum, man konnte sich waschen, hatte meistens einen Security-Mann vor der Tür stehen, der eingriff, wenn etwas los war. Auf dem Straßenstrich hingegen verdiente man am schnellsten Geld. Das war eigentlich am ehesten mein Ding. Ich war keine Nutte, die auf soziale Kontakte machte. Ich wollte mein Ding durchziehen und mein Geld bekommen. Eine schnelle Nummer und gut. Ich wechselte immer ab. Ein paar Wochen Straße. Ein paar Wochen Laufhaus.

Es gibt Nutten, die sagen, ihnen sei der Straßenstrich zu gefährlich. Ich kann das verstehen. Aber die Wahrheit ist: Es gibt nirgendwo Schutz. Ich hab als Nutte so oft auf die Fresse bekommen, dass ich es gar nicht mehr zählen kann. Und zwar überall. Ich war im Puff und habe einen Russen gefickt. Ich war sogar gut zu ihm, habe ihm eine zweite Position gegeben. Obwohl das alles andere als selbstverständlich war. Irgendwann ist er trotzdem durchgedreht. Einfach so. Er zog ein Messer und rammte es mir ins Bein. Mitten beim Sex. Ein anderer hat mir ein Messer in meinen Arsch gesteckt und hochgezogen. Ich habe noch heute eine Narbe davon. Jeder Freier war ein potenzieller Irrer. Und Irre rasten aus. Ob im Auto, im Laufhaus oder sonst wo.

Es gab nur eine Situation, in der ich meiner Meinung nach gerechtfertigt kassiert habe. Da war so ein junger Araber, den ich komplett abgezogen habe. Ich habe ihn extrem hochgepokert. Er wollte mich anfassen? Fünfundzwanzig Euro. BH ausziehen? Noch mal fünfundzwanzig. Wieder anfassen? Schatzi, das kostet dann aber noch mal … ich hatte es bei ihm etwas zu weit getrieben. Er hat bei allem mitgespielt, aber als er dann fertig war und gehen wollte, hat er auf einmal gecheckt, was ich mit ihm gemacht hatte und kam noch mal zurück, um auf mich einzuprügeln. Ich habe es über mich ergehen lassen und mich nur mit meinen Füßen gegen die Schranktüren gestemmt, weil im Schrank mein Geld war. Ja ja, dachte ich nur. Verprügel mich, fick mich, schlag mich k.o., aber geh bloß nicht an meinen Tagesverdienst.

Aber das passierte nicht nur mir. Das passierte allen Frauen. Das war normal. Berufsrisiko. Irgendeine von uns kam immer mal mit einem dicken Auge oder mit kaputter Nase auf den Strich. Oder sie kam mal eine Woche gar nicht mehr, weil sie gerade wieder im Krankenhaus lag. Aber das hielt niemanden von uns ab, das zu tun, was wir taten.

Und so stand auch ich bald wieder auf dem Straßenstrich. Und war aus meiner Crackrealität wieder voll in meinem Nuttenalltag. Kurz bevor ich Feierabend machen wollte, kam noch ein Lkw angefahren. Der Fahrer winkte mich rein. Ein klassischer Trucker. Übergewichtig. Vollbart. Vollgeschwitzt. Schnelle Nummer, dachte ich. Ich mochte Lkw-Fahrer. Mit denen war man schnell fertig und die haben gut gezahlt.

»Na Süßer, noch Lust auf was Spritziges?«

Er grinste und öffnete die Beifahrertür. »Na, du Schöne. Wie heißt du denn?«

»Lisa«, dachte ich mir einen neuen Namen aus.

»Du gefällst mir.«

Wir einigten uns auf einen Preis, ich stieg in den Truck, und er fuhr los. Es gab zwei Möglichkeiten: Entweder man fuhr in ein billiges Stundenhotel oder man machte es irgendwo auf einem Strandstreifen im Auto.

»Ich habe schon eine Idee«, sagte er und fuhr. Und fuhr. Und fuhr.

»Sag mal, Schatz. Du hast mich für einen Fick bezahlt, nicht für eine Fernreise. Halt hier mal an und lass es uns zu Ende bringen.«

Er grinste, starrte auf die Straße und gab noch ein bisschen mehr Gas. Verdammt. Irgendwas stimmt hier nicht, dachte ich. Als er auf die Autobahnauffahrt fuhr, wusste ich, dass er mich entführen wollte.

»Lass die Scheiße«, sagte ich. »Lass mich hier raus.«

Er reagierte nicht. Ich wollte die Tür aufreißen, aber ich sah, dass er den Türgriff entfernt hatte. Was für ein Bastard. Ich wurde panisch. Was sollte ich tun? Was hatte er vor? Ich nahm meinen Stöckelschuh und schlug auf die Fensterscheibe ein. Es funktionierte nicht. Sie zerbrach einfach nicht. Verdammte Scheiße. Ich atmete immer schneller. Der Kerl war völlig wahnsinnig. Er fuhr mit Mördertempo auf die Autobahn. Ich schaute mich um. Ich musste jetzt was tun. Musste sofort hier raus. Der Fahrerbereich im Lkw ist ziemlich groß, man hat sehr viel Platz. Ich schaute, was da alles so rumlag. Und sah einen blauen Kugelschreiber.

»Hör mal, lass mich sofort hier raus, das ist meine letzte Warnung.«

Der Fettsack reagierte weiter nicht. Er klammerte sich ans Steuer und starrte auf die Straße, als wäre ich gar nicht da. Ich nahm den Kugelschreiber und rammte das Ding dem Typen ins Auge. Er fing an laut zu schreien und machte eine Vollbremsung. Ich drückte den Stift noch weiter in sein Auge, kletterte über ihn rüber, öffnete die Fahrertür und rannte so schnell ich konnte auf die Straße.

Als ich mich für einen Moment umdrehte, sah ich, dass der Kuli noch immer in seinem Auge steckte. Ich lief den Standstreifen entlang und winkte den Autos entgegen, dass sie doch um Gottes Willen anhalten sollen. Ich stand da, halb nackt, in Minirock und Tanga und BH, von oben bis unten mit Blut beschmiert. Panisch. Und niemand hielt an. Alle fuhren weiter. Ich hatte wahnsinnige Angst, dass der Typ jeden Moment aus dem Lkw stieg und mich umbrachte. Ich lief weiter den Standstreifen entlang. Zog meine Stöckelschuhe aus und lief mit ihnen in der Hand weiter. Weiter und weiter.

Irgendwann sprang ich einfach vor ein Auto und zwang es so anzuhalten. Es war eine alte Frau. Sie zitterte, als sie mich sah.

»Bitte!«, flehte ich sie an. »Nehmen Sie mich mit. Ich werde verfolgt. Ich bin in Not.«

Die alte Frau nickte und ließ mich zu sich steigen. An der nächsten Tankstelle stieg ich aus. Was für ein unfassbar mieses Gefühl.

Ich ging in einen Waschraum, wischte mir das Blut weg und bin direkt zurück auf den Straßenstrich. Dort wartete ich dann auf meinen nächsten Kunden. Meine Tasche war bei dem Typen im Lkw geblieben und ich musste ja irgendwie mein verlorenes Geld wieder reinholen. Ich habe zum Glück nie wieder etwas von ihm gehört.

Ich hatte die ganze Zeit über einen Traum. Einen Traum, der mich Tag für Tag begleitete und mich das überstehen ließ, was ich im Puff alles erlebte. In diesem Traum habe ich drei Häuser gekauft. Ein Haus für meine Mutter und jeweils ein Haus für meine beiden Brüder. Jeden Tag dachte ich daran. Das war für mich ein Ziel. Und jeden Tag schob ich die Träume auf den Tag nach dem nächsten Tag. Es waren zu viele Dinge, die ich erledigen wollte. Für die ich sparen wollte. Aber mein Leben kam mir immer wieder dazwischen. Ich habe gelebt wie eine Königin. Egal mit wem ich unterwegs war, egal wo ich war: Alles ging auf mich. Jede Flasche. Und es gab viele Flaschen. In vielen Nächten.

Vielleicht habe ich so viel getrunken und so viel gefeiert, weil ich damit meine Lebensrealität ausblenden wollte. Ja, ich war eine stolze Nutte. Aber nein, das war natürlich nicht das Leben, das ich mir gewünscht hatte. Ich redete mir immer mehr ein, dass ich alles nur für meine Familie machen würde. Ich überwies ihnen jeden Monat Geld und versuchte, immer ein Auge auf meine Brüder zu halten. Ich würde aussteigen, sagte ich mir selbst. Irgendwann. Dann, wenn ich erst genug Geld verdient hätte. Ich habe mit meiner Familie nie darüber gesprochen, was ich eigentlich mache. Ich wollte nicht, dass meine Familie mitbekommt, dass ich eine Nutte bin. Ich habe alles getan, um es zu verheimlichen. Da ich unnormal viel Geld hatte und eigentlich nur nachts wach war, war ihnen schon klar, dass ich keinem gewöhnlichen Beruf nachgehe. Dass ich kein normales geregeltes Arbeitsverhältnis hatte. Anfangs erzählte ich ihnen, dass ich Tänzerin wäre. Später, dass ich mit Drogen deale. Irgendwie stimmte das alles ja auch, wenn es auch nur ein Teil der Wahrheit war. Ich weiß gar nicht, warum es mich so störte. Eigentlich war ich doch eine stolze Nutte. Aber das Bild, das die Gesellschaft von einer Prostituierten hat, war so schlecht, so negativ, dass ich einfach nicht wollte, dass meine Familie schlecht von mir denkt. Es ist schon schizophren. Zum einen wird in allen möglichen Talkshows immer wieder versucht, die Prostitution als »normalen« Beruf anzuerkennen. Man bekommt eine Sozialversicherungsnummer, das Arbeitsamt hilft bei der Vermittlung, es gibt sogar eine Art Gewerkschaft für Nutten. Alles, um das »älteste Gewerbe der Welt« zu normalisieren. Aber die Realität ist trotzdem anders. Die Realität ist: Wenn du eine Nutte bist, bist du eine Nutte. Die Leute scheißen auf dich. Du bist in der sozialen Hierarchie das unterste Glied. Sogar Dealer haben ein besseres Standing.

Ich hatte extrem viel Wut in mir. Wut auf die Freier. Wut auf die Männer. Und es gab Momente, in denen ich diese Wut einfach rauslassen musste. Und wenn ich das tat, wurde es unangenehm. Ich hatte einen Kunden, der alle paar Monate zu mir kam. Er hieß Daniel. Wir nannten ihn Daniel den Dicken. Er war groß und fett und hatte so einen lächerlichen Topfschnitt.

»Den mache ich mir selber«, erzählte er mir mal stolz. »Um Geld zu sparen.« Und dann lachte er total behindert. Es war so ein selbstgefälliges, lang gezogenes Auflachen. »Hhheeh«. Das machte er immer, wenn er mir etwas erzählte, was er toll fand. »Ich war neulich in Fuerte im Urlaub. Last Minute. Habe ich nur die Hälfte gezahlt. Hhheeh.« Er war wohl stolz auf sich selber. Daniel der Dicke schien ein nerviger, aber ein harmloser Typ zu sein. Er war Mitte vierzig und wohnte noch bei seiner Mama. Er wirkte wie ein zu groß geratenes Kind. Wie ein Riesenbaby.

Daniel der Dicke war nicht ganz richtig im Kopf. Wenn er zu mir kam, kam er mit einem kranken Wunsch. Er wollte vergewaltigt werden. Und er wollte nicht einfach nur so vergewaltigt werden. Er hatte eine bestimmte Vorliebe. Er kam jedes Mal mit einer großen Sporttasche. Und in dieser Sporttasche war ein überdimensionaler Riesendildo. Mit dem Ding sollte ich es ihm besorgen. Es war unfassbar ekelhaft. Bei solchen Spielchen gibt es immer eine Regel: Man vereinbart im Vorfeld entweder ein Klopfzeichen oder ein Codewort und wenn einer dieses Klopfzeichen macht oder das Codewort sagt, dann weiß der andere, dass hier eine Grenze erreicht wurde. Bei dem Klopfzeichen sollte ich aufhören.

Daniel der Dicke legte sich also auf das Bett und ich legte los. Während ich ihm das Ding also ständig reinsteckte, hörte ich sein selbstgefälliges Lachen. Hhheeh. Hhheeh. Hhheeh. Es machte mich wahnsinnig. Mir ging der ganze Tag durch den Kopf. Die ganzen Kunden, die heute da waren. Die Typen, die mich geschlagen haben. Die Typen, die mich abziehen wollten. Die Typen, die mich mit ihrer perversen Scheiße vollgelabert haben.

Und dann lag da jetzt dieses fette Riesenbaby auf meinem Bett, dem ich gerade einen überdimensionalen Dildo in seinen Arsch schob. Mein ganzer Hass entlud sich. Ich rammte ihm das Teil richtig hart rein. »Auuuuaaaa«, schrie er auf und fing an, auf das Bett zu klopfen. Aber es war mir egal. Ich machte weiter. Ich war wie im Rausch und schob es ihm immer tiefer rein »Hhhhheeeeh!«, schrie er und klopfte wie verrückt gegen mein Bett. Er hörte gar nicht mehr auf zu klopfen. Aber er war so fett, dass er sich nicht einfach umdrehen konnte. Ich machte weiter. Nach fünf Minuten ließ ich ihn dann gehen.

»Ach, du hattest geklopft, Schatzi? Das hatte ich gar nicht gehört. Es hat doch so viel Spaß gemacht.«

Heulend zog er sich wieder an und humpelte so schnell es ging aus meinem Zimmer. Ich habe ihn noch von meinem Fenster aus beobachtet. Es machte mir Freude zu sehen, wie er sich nur noch in Zeitlupe bewegen konnte. Wer weiß, was ich ihm kaputt gemacht habe. Er blutete wirklich ziemlich stark. Aber sein Leid bereitete mir Freude. Ich habe Daniel den Dicken danach niemals wiedergesehen.

Am nächsten Tag kam ein Mann zu mir ins Laufhaus. Er hatte eine schwarze Ledertasche dabei.

»Hey, Ewa«, sagte er. »Gut siehst du aus.«

»Danke, Schatzi. Kennen wir uns denn schon?«

Ich hatte normalerweise ein relativ gutes Freier-Gedächtnis. Das war ziemlich wichtig in meinem Job. Ich erinnerte mich nie an Details, aber an Schubladen: Fetischtyp, gewalttätig, naiv, gefährlich, reich, harmlos. Das waren so die Kategorisierungsmuster einer Nutte.

»Ja, klar. Erinnerst du dich nicht mehr?«

Ich schaute mir den Typen an. Nein. Da war nichts. Er war vielleicht Mitte zwanzig und ziemlich hipstermäßig unterwegs. Groß, dürr, einen Bart, lange Haare, abgewetzte Klamotten. Ich erinnerte mich wirklich nicht.

»Ich kann dir helfen, dass du dich wieder erinnerst.« Er kam in mein Zimmer und zog einen Laptop aus seiner Ledertasche. Dann öffnete er eine Datei und zeigte mir Fotos. Es waren Fotos von mir. Ich bekam fast einen Herzstillstand. Das war krank. Ich erkannte mich kaum wieder. Das war nicht wirklich ich. Das war ein gespenstischer Schatten von mir. Ich war völlig abgemagert, wog vielleicht noch fünfundvierzig Kilo. Man sah meine Rippen. Überall auf der Haut hatte ich Beulen und Abszesse. Und ich lag da. Nackt. In komischen Posen. Das muss meine Crackzeit gewesen sein. Ich ekelte mich vor mir selbst. Ich schaute den Typen an. Er grinste. Ich hatte keine Ahnung, was genau er wollte, aber es war mir scheißegal. Ich gab ihm nicht die Möglichkeit, es mir zu sagen. Ich nahm eine Piccolo-Flasche und schlug sie ihm über den Kopf. Dann schlug ich mit meinen Fäusten auf ihn ein.

»Nicht!!«, schrie er und hielt seine Hände schützend vor sein Gesicht. »Was soll das? Ich habe dir doch gar nichts getan!«

»Du miiiiieser Bastard! Nichts getan? Ich mache dich kaputt, du krankes Schwein!«

Ich schlug immer weiter auf ihn ein. Er wimmerte wie ein kleines Mädchen. Dann nahm ich seinen Laptop und schmiss ihn so hart auf den Boden, dass der Bildschirm einen Riss bekam. Ich trat mit meinen Stöckelschuhen immer weiter auf das Ding ein, bis es völlig Schrott war. Dann durchsuchte ich die Ledertasche von dem Würstchen. Da war noch eine Digitalkamera drin. Auch die zerstörte ich.

»Neeeein, nicht meine Kamera!«, schrie er noch. »Ich hatte dich doch bezahlt damals.«

»Halt die Schnauze«, schrie ich ihn an. Ich war außer mir. Eigentlich war ich eher wütend auf mich selbst. Aber er bekam es nun ab. Zu Recht. Als ich alles zerstört und noch einmal auf ihn eingeprügelt hatte, rief ich die Security.

»Was ist los?«

»Er hat versucht, mich zu vergewaltigen«, log ich.

Unser Türsteher schaute mich zweifelnd an. Er kannte mich. Und er sah ganz genau, dass es eher umgekehrt gewesen sein musste.

»Was ist los? Er ist ein Vergewaltiger!«, schrie ich ihn an und ermutigte ihn, diesen Hipster-Lauch noch einmal richtig zusammenzuschlagen. Dieser Hurensohn.

Als der Junge aus meinem Zimmer geprügelt wurde, schloss ich die Tür und starrte auf den zerstörten Laptop vor mir. Ich schüttelte den Kopf. Alter, was hatte dieser Scheiß damals mit mir gemacht? Ich war zufrieden, dass ich zumindest gesund war. Dass ich kein AIDS bekommen hatte oder sonst was für einen Mist. Aber diese Begegnung machte mich nachdenklich. Ich hatte das Gefühl, ich musste weg aus Bonn.

Zunächst reiste ich ein wenig herum. Ich hatte mir einen tiefer gelegten schwarzen 3er-BMW zugelegt. Der war mein Zuhause. Ich lagerte meine Sachen dort. Mein Auto war meine Homebase. Wenn ich duschen wollte, ging ich entweder in ein Hotel, auf eine Autoraststätte oder in ein Schwimmbad. So wie ich es damals mit Mama gemacht habe. Ich schlief tagsüber im Auto und versuchte mich abends auf den unterschiedlichen Straßenstrichen im Land. Berlin, Hamburg, Köln, München. Es war jedes Mal das Gleiche. Jedes Mal musstest du dich erneut beweisen.

Jedes Mal kamst du als neue Nutte auf einen schon bestehenden Strich und musstest dir dort deinen Platz erkämpfen. Das bedeutete: Ich stellte mich irgendwo hin. Ließ mich von den anderen Huren beschimpfen. Schimpfte zurück. Legte mich mit ihnen an. Prügelte mich mit ihnen. Bekam auf die Fresse.

Und kam am nächsten Tag wieder und stellte mich auf den gleichen Platz. Es gab eine Drei-Tage-Regel. Wenn man diese Nummer drei Tage durchhielt, wurde man respektiert. Nach einer Woche etwa gehört man zum Stammstrichpersonal. Von da an war man eine von den alten Nutten, die die neuen Nutten vertreiben mussten.

Am härtesten habe ich in Berlin auf die Fresse bekommen. Straßenstrich Kurfürstenstraße am LED-Sexhophaus. Dort standen zwanzig Nutten, die alle übelsten Hass auf mich schoben. Ihre Anführerin war eine Transe. Zwei Meter groß, dünn, Stöckelschuhe, gegerbte Haut. Ein Zwischenwesen aus Mann und Frau.

»Hör mal, Liebchen«, sagte es. »Du verschwindest *jetzt*, oder du kassierst die Prügel deines Lebens.«

Ich lachte. »Glaub mir, Sweety. Die Prügel meines Lebens habe ich schon woanders kassiert. Und jetzt verpisst du dich, du vergraulst meine Kunden.«

Das Transenwesen schüttelte den Kopf, pfiff einmal und sämtliche Nutten von dem Strich gingen geschlossen auf mich los.

»Euer Ernst?«, fragte ich und wehrte mich so gut ich konnte. Aber gegen zwanzig Huren und ein Transenwesen hatte ich keine Chance. Ich wurde wirklich mies zusammengeschlagen. Und als ich am Boden lag, traten sie sogar noch einmal nach. Eine richtig miese Nummer. Irgendwann kam die Polizei. Die Nutten hatten einen Kreis um mich gebildet.

»Was ist hier los?«, fragte der Bulle.

Niemand sagte etwas.

»Kommen Sie, stehen Sie auf.« Er reichte mir die Hand.

Ich war wirklich noch extrem benebelt. Schmeckte noch das Blut in meinem Mund und hatte überall Beulen und offene Wunden. Fuck, die haben wirklich hart zugeschlagen. Ich rappelte mich langsam auf. Die Nutten lachten.

»Hören Sie, ich muss Sie jetzt bitten zu gehen.«

»Ist das Ihr Ernst?«, fuhr ich den Bullen an. »Sie sehen doch, dass ich hier gerade verprügelt wurde?«

»Wir wollen keinen Stress.«

»Keinen … dann schicken Sie doch die Nutten weg, die Stress gemacht haben?!«

»Jetzt nicht noch frech werden, Mädchen. Du kriegst Straßenverbot hier.«

Jetzt rastete ich total aus. »Wie kann das sein?«, schrie ich den Bullen an. »Ich bin hier geboren. Fast zumindest. Und die Mädels können nicht mal Deutsch. Ich kriege von zwanzig Frauen, die gestern noch in ihrem Land auf Eseln geritten sind, auf die Fresse, und ihr gebt mir Straßenverbot?«

Statt zu antworten, legten die Kerle mir Handschellen an und führten mich ab.

»Nein«, schrie ich ernsthaft empört. »Das könnt ihr nicht machen. Ich gehe dagegen vor. Meine Freier sind Anwälte. Das ist nicht gerecht.«

»Nein, du gehst jetzt hier weg«, sagten die Bullen und zogen mich in ihren Wagen. Dann fuhren sie mich ans andere Ende der Stadt und warfen mich raus. Diese Wichser.

Aber es war klar, dass ich mir das nicht gefallen lassen würde. Am nächsten Tag kam ich wieder. Es regnete in Strömen. Es war wirklich komplettes Scheißwetter. Ich hatte einen großen, gelben Regenschirm. Und mit diesem Schirm ging ich von Nutte zu Nutte und prügelte auf jede von ihnen ein. Es ging so schnell und kam so überraschend, dass sie gar nicht wussten, was mit ihnen passiert. Weil es so extrem schüttete und alle Mädchen unter ihren Schirmen standen, bekamen sie gar nicht mit, dass ich kam. Und eine nach der anderen umboxte. Als es ihnen schließlich auffiel, war es schon zu spät. Zum Schluss nahm ich mir die

Transe vor. Ich schlug ihr mit der Spitze des Schirmes zwei Mal in die Fresse. Dann prügelte ich mit meinen Fäusten so lange auf sie ein, bis ihr Kiefer knackste. Sie lag heulend am Boden.

»So meine Süße«, sagte ich. »Und ab sofort stehe ich hier, wo du gestanden hast. Und wenn du hier weiter anschaffen willst, wirst du jeden Tag dafür meine Scheißfüße küssen müssen.«

Von diesem Tag an war ich auf dem Straßenstrich in Berlin eine gern gesehene Hure.

Straßenstrich war verdammt noch mal Krieg. Immer wieder musste man sich beweisen. Immer wieder musste man sich seinen Platz erkämpfen. Und immer wieder musste man einstecken. Mal verlor man eine Schlacht und mal gewann man sie. Am Ende hatte ich sie aber immer alle überzeugt.

In Berlin fiel mir besonders auf, wie viele Ausländerinnen auf dem Strich standen. Blutjunge Mädchen, die kein Wort Deutsch konnten. Rumäninnen, Bulgarinnen. Ostblocknutten. Die anderen Huren hatten extremen Hass auf diese Mädchen, weil sie die Preise drückten und den ganzen Service ruinierten. Die ließen sich für fünf Euro ficken. Und das auch noch ohne Kondom. Mir taten diese Mädels eher leid. Ich kannte keine von ihnen, hatte mit keiner von ihnen etwas zu tun, aber in Berlin konnte ich das erste Mal beobachten, dass da irgendetwas nicht stimmte.

Einige von ihnen waren hochschwanger und standen trotzdem auf dem Strich. Die waren definitiv im neunten Monat.

Und trotzdem bedienten die jeden Kunden. Rein, raus, rein, raus. Sie arbeiteten im Akkord. Irgendwann war der Bauch dann weg, aber die Mädchen standen trotzdem auf dem Strich: Natürlich hat man sich da gefragt: Wo war das Kind?

Mir war schon klar, dass diese Frauen wahrscheinlich nicht freiwillig da stehen. Aber es gab auch keine Möglichkeit ihnen zu helfen. Ich habe ein paar Mal versucht, mit ihnen ins Gespräch zu kommen. Nutten-Solidarität. Das hatte ich ja von Elise gelernt. Aber sie blockten alles ab. Natürlich. Sie hatten Angst.

Die Männer hatten die Pässe. Die Männer kannten ihre Familien – die Mädels hatten Angst um ihr Leben.

Am schlimmsten fand ich aber, dass die Polizei das alles gesehen hat. Aber sie griffen nicht ein. Sie haben die Mädchen einfach weiterarbeiten lassen. Sie haben gesehen, wie die Nutten mit ihren Bäuchen da stehen, zwei, drei Stück nebeneinander. Wie alle drei Stunden ein weißer Kleinbus vorbeikam, der ihnen das Geld abnahm und sie in der Nacht dann einsammelte.

Sie haben gesehen, dass da eine Frau mit geschwollenem Gesicht stand. Mit einem Auge, das so blau war, dass man es nicht mehr überschminken konnte. Auch ich habe kassiert, aber so sah ich nie aus. Sie haben gesehen, wie die Mädchen von ihren Zuhältern zusammengetreten werden. Dass Mädchen da stehen, die kaum noch Zähne im Mund haben. Aber ich habe nie gesehen, dass sie da eingegriffen hätten. Das habe ich nicht verstanden.

Damals gab es eine große mediale Debatte um Zwangsprostitution. Ich habe tatsächlich niemals eine deutsche Zwangsprostituierte getroffen. Nur die Mädchen aus dem Ostblock. Alle deutschen Mädchen, die ich kenne, sind freiwillig anschaffen gegangen. Freiwillig, im weitesten Sinne. Natürlich hat es den wenigsten Spaß gemacht. Sie hatten kaum eine andere Wahl, weil sie keine andere Möglichkeit sahen, Geld zu verdienen. Aber sie hatten eine Wahl. So wie ich eine Wahl hatte. Andere waren wirklich in finanzieller Not und wussten sich nicht anders zu helfen.

Nach Berlin machte ich eine kleine Europa-Tour. Ich zog durch die großen Städte, um auch den internationalen Strich kennenzulernen. Paris, Madrid – und London. Die Preise in London waren verdammt gut. Ich machte richtig viel Para. Allerdings waren auch die Mieten in der Stadt abnormal hoch. Irgendwann abends zog ich durch die Casinos der Stadt, um ein paar Freier klarzumachen. Und da sah ich plötzlich einen Zwei-Meter-Mann in einem Anzug, der sich nervös umschaute. Ich konnte es nicht so richtig glauben. Das war doch …

»Ey«, sprach ich ihn an.

Er drehte sich aufgeregt um. »Ewa! Was geeeht?«

»Giwar! Was machst du denn in London?«

»Ich studiere hier, Ewa!«

»Krass. Aus dir ist ja ein richtiger Business-Kanake geworden!«

»Muss, muss. Habe in Deutschland gerade ein bisschen Stress, darum ist London genau richtig. Aber, Schwester, hör mal. Wir haben hier im Casino gerade ein Ding laufen. Ich kann nicht drüber reden. Aber es wäre ziemlich gut, wenn du verschwindest.«

»Dein Ernst?«

»Vertrau mir einfach. Das ist kein normaler Shit. Das ist … anders. Lass uns morgen treffen, okay?«

Er gab mir seine aktuelle Handynummer und gab mir zu verstehen, dass ich jetzt gehen müsste. Er schob mich beinahe aus dem Casino. Aus irgendeinem Grund wollte er mich da unbedingt weghaben.

Merkwürdige Nummer. Erst am nächsten Tag verstand ich dann, was Sache war. Die Nachrichten waren voll damit. Es gab irgendeinen krassen Überfall auf das Casino. Einige Typen wurden da von einer Gang brutal niedergemetzelt. Scheiße. Ich wusste ja, dass Giwar immer schon ziemlich krasse Connections hatte. Aber das war wirklich eine üble Geschichte.

Als er mich zu sich in seine kleine Studentenbude, die er sich mit seinem Cousin teilte, zum Essen einlud, wollte er über das Thema aber gar nicht sprechen. Er erzählte mir von seinem Studium. Musikmanagement. Und er erzählte mir, dass er einen Plan hatte. Er wollte weg von der Straße. Keine illegalen Sachen mehr. Er wollte Musik machen. Deutschrap.

»Voll peinlich, Giwar.«

»Ja, so wie er jetzt ist, ist er peinlich. Aber ich werde ihn besser machen. Ich werde den Sound revolutionieren.«

»Wenn du meinst …«

Mich interessierte das Thema nicht.

»Glaub mir. Ich werde der erste Typ sein, der authentische Straßenmusik macht. Irgendwann wirst du mich auf MTV sehen.«

»Ja, und du wirst einen Pornofilm von mir sehen.«

»Nein, wirklich.«

»Nein, wirklich auch! Ich mein das ernst.«

Er verdrehte die Augen.

»Du wirst meine Musik hören, Ewa. Verlass dich drauf.«

»Ja, ist okay. Und du mein Gestöhne.«

Dabei beließen wir es. Keiner glaubte dem anderen. Er klappte einfach seinen Laptop auf und vertickte noch ein paar gefälschte Sonnenbrillen bei eBay. Typisch Giwar. Immer am hustlen.

Nach meiner internationalen Tour ging ich nach Frankfurt. Frankfurt hatte den Ruf, Deutschlands härtestes Rotlichtviertel zu haben. Ich hatte das Gefühl, mittlerweile bereit dafür zu sein. Ich war durchsetzungsfähig und hatte alles gelernt, was eine Nutte wissen muss. Ich würde mich in diesem Dschungel durchschlagen können. Und weil ich keine halben Sachen machte, ging ich direkt in die Taunusstraße. In das Rote Haus. Das Zentrum des Milieus. Direkt hinter dem Bahnhof. Hier liefen Cracknutten die Straße auf und ab, wie Zombies. Obdachlose lagen auf dem Boden und verrotteten. Und drumherum waren überall Bordelle und Stripclubs und Partylocations. Die Taunusstraße war Gomorrha. Alles hier war falsch und dreckig. Ich liebte es. Ich fragte im Roten Haus nach einem Job. Man gab mir sofort einen. Die Kunden hier waren noch abgewichster als die Kunden in Bonn oder sonst wo. Einfach weil es hier ein Überangebot von billigen Huren gab. Man konnte sich einfach nehmen, was man brauchte. Und ich hatte das Gefühl, die Kerle waren noch ein bisschen schräger drauf als woanders. Ihre Vorlieben waren definitiv ziemlich abgefahren.

Der erste Kunde, den ich hatte, war Dr. Josef. Dr. Josef war wahrscheinlich gar kein Doktor und er hieß wahrscheinlich auch gar nicht Josef, aber er wollte unbedingt so genannt werden. Ich hatte keine Ahnung, was er beruflich machte, aber da er immer mit den feinsten Anzügen und gut sitzenden Krawatten kam, nahm ich an, er wäre Banker oder so was in der Richtung. Er verdiente zumindest nicht schlecht, denn er legte mir direkt einmal einen Taui auf den Tisch, wenn er kam.

»Nun«, sagte er. »Das ist viel Geld, aber eine gewisse Sonderbehandlung ist mir dieses Geld auch wert.«

»Alles klar, Doktore. Alles, was du willst.«

Ich steckte den Taui in meinen BH und rechnete mit allem.

»Ich würde sehr gerne … wie soll ich es sagen …?«

»… angepisst werden?«

»Nein! Nein, nein. Das ist es nicht. Ich würde gerne … ein kleines Rollenspiel spielen.«

»Klaro. Und was spielen wir?«

»Doktor und Kannibale.«

Okay. Das war sogar mir neu. Und ich hatte wirklich viel erlebt.

»Du bist der Kannibale.«

»Okay.«

Er zog sich sein Jackett aus und streckte mir seinen Arm entgegen. »Beiß rein.«

Ich biss in seinen Arm. Nicht fest. Nur so ein bisschen.

»Ja. Das ist gut. Das ist sehr gut. Und jetzt mache Fressgeräusche dazu.«

»Was?«

»Tu so, als würdest du mich fressen. Sag: Mhhhhjaamm.«

»Ähm, okay, alles klar. Mhhhhjammmmm.«

»*Ja! Genau so! Genau so!*«

»Mhhhhhmm, mhjaaaamm, mhjaaaamm, der Doktor ist aber lecker heute.«

»Nein, das bitte nicht.«

»Okay.«

Ich knabberte noch ein bisschen an seinem Arm. Dann zog er sich das Jackett wieder an, bedankte sich und ging. Er kam noch ein paar Mal mit demselben Wunsch. Als Variation fraß ich bei den weiteren Malen auch sein Bein auf.

Ich verdiente einfach unnormal viel Geld in dieser Zeit. Ich machte im Monat fünfundzwanzigtausend, vielleicht dreißigtausend Euro. Ohne mich groß anzustrengen. Aber ich sehnte mich immer mehr nach einem bürgerlichen Leben. Auch wenn ich jeden Tag sah, wie brüchig diese bürgerliche Fassade doch eigentlich war. Da kamen ja all diese Familienväter zu mir und wollten sich anpissen lassen oder sonst was. Ich verachtete diese Menschen und ihre Doppelmoral. Zu Hause auf die Huren zeigen und über das Gesocks schimpfen und sich nachts die Eier an den Bauch tackern lassen. Kranke Gesellschaft. Und dennoch: Ich wollte nicht mein Leben lang nur im Milieu unterwegs sein. Ich brauchte noch eine Gegenwelt. Ich hatte doch genug Cash. Warum sollte ich mich damit nicht in eine bessere Gesellschaft einkaufen können?

Ein Freier von mir war Immobilienmakler und hatte gute Connections. Er erzählte mir von einer Villa, die er gerade vermieten wollte. In Sachsenhausen. Dem Bonzenviertel von Frankfurt. Er zeigte mir auch Bilder. Sie war wunderschön. Weiß getüncht, von einem großen, schwarzen Zaun umrahmt. Ein Whirlpool im Bad und eine Bar im Wohnzimmer – wie eine Diskothek. Das war schön.

»Ich muss dieses Haus haben«, sagte ich. »Kannst du mir das klar machen?«

»Theoretisch schon. Aber du braucht Nachweise für ein geregeltes Einkommen und …«

»Ich verdiene doch mehr Geld als jeder Arzt.«

»Ja, schon. Aber du musst einen Nachweis für ein gerege-«

»Ich gebe dir drei Blowjobs umsonst.«

»Ach, okay, scheiß drauf. Wir besichtigen das Ding morgen.«

Das Haus war perfekt. Ich nahm es. Und hatte zum ersten Mal in meinem Leben das Gefühl, wirklich angekommen zu sein. Zumindest für eine Woche. Dann lernte ich meine Nachbarn kennen. Sie waren gebildete Leute. Zunächst auch sehr höflich: Anwälte, Richter, Ärzte. Aber sie gaben mir sehr schnell zu verstehen, dass sie das Gefühl hätten, ich würde nicht so ganz in diese Nachbarschaft passen. Ich mit meinem aufgetunten, lauten Auspuff-BMW, aus dem ich extra den Luftfilter rausgeholt habe, damit der noch lauter ist. Ich, die jeden Tag mit Jogginghose statt mit Kleidchen rumlief. Ich, die jeden Morgen erst von der Arbeit kam. Ich, die asoziale Nutte mitten im gutbürgerlichen Sachsenhausen. Die Leute kotzten.

Zu Beginn schaute man mich nur schräg an. Dann begann der Terror. Jeden Tag, jeden einzelnen Tag, hatte ich ein Zettelchen an meinem Wagen kleben. Die wussten ganz genau, wann ich nach Hause kam. Wann ich rausging.

»Bitte beachten Sie beim Einparken die Entfernung zum Bürgersteig. Gez: Die Nachbarschaft.«

Oder: »Bitte schlagen Sie morgens nicht so laut die Autotüre zu. Danke! Gez: Die Nachbarschaft.«

Wallah, ich ficke eure Nachbarschaft!

Ich war wirklich angefressen. Ich hatte damals einen Hund. Mit dem ging ich täglich Gassi. Es gab einen wunderschönen Wald um die Ecke. Die Nachbarn, die mir entgegenkamen, gingen jetzt auf die andere Straßenseite. Sie waren nicht mehr bloß unfreundlich. Sie mieden mich regelrecht. Das war wirklich ein ekliges Gefühl.

Einmal sprach ich eine ältere Frau darauf an. »Ey, Sie!«, sagte ich, als sie die Straßenseite wegen mir wechselte. »Was soll das? Warum sind Sie so? Was habe ich Ihnen denn getan?«

Sie musterte mich von oben bis unten und zog demonstrativ ihr Chanel-Täschchen noch ein wenig näher an ihre Brust. Damit ich es bloß nicht klaue. »Wissen Sie. Um ganz ehrlich zu sein: Niemand hier will Sie in der Nachbarschaft haben.«

»Das ist mir auch schon aufgefallen. Aber warum nicht? Was habe ich Ihnen getan? Ich höre keine laute Musik, feiere keine Partys. Ich bin einfach nur da.«

Sie schüttelte den Kopf. »Sie merken es doch selbst. Sie passen hier nicht hin.«

Ich ließ die Frau stehen. Ich war fassungslos. Was für Menschen waren das bloß? Dabei wusste ich es doch genau. Das waren alles potenzielle Kunden. Zwei, drei Autos von der Straße hab ich sogar immer wieder vor dem Roten Haus parken sehen. Es war einfach so widerlich.

Als ich nach Hause ging, sah ich in meiner Straße ein paar Jungs, die Plakate aufhängten. Es war Bundestagswahlkampf. Und auf einem dieser Plakate mit allen möglichen Kandidaten für Frankfurt und Umgebung erkannte ich einen Kunden. Da staunte ich nicht schlecht. Es war der Kannibale. Na ja, in der Politik wird man ja oft mal weggebissen. Ich ging in mein Haus, schloss mich ein und dachte über die ganze Scheiße nach, die mein Leben war. Ich machte den Fernseher an, um mich ein wenig abzulenken und zappte durch das Programm. Auf MTV blieb ich hängen. Da lief ein Musikvideo mit so einem Kanacken, der mir wahnsinnig bekannt … unmöglich! Das war doch … tatsächlich. Giwar! Er hatte es also geschafft. Er ist wirklich Rapper geworden. Und sein Clip wurde auf MTV gespielt. Ich schüttelte den Kopf. Er rappte über sein Leben auf der Straße. Das war hundertprozentig er. Keine Show, keine Übertreibung. Ich drehte die Lautstärke auf Maximum und wartete auf den Abspann. »Xatar – Kopf oder Zahl«. Xatar also. Das war jetzt sein Künstlername. Es hieß auf kurdisch so viel wie Gefahr. Also das, was ich für meine Nachbarn darstellte. Ich freute mich wahnsinnig für Giwar. Sein Erfolg holte mich für ein paar Minuten aus meinem frustrierenden Nachbarschaftsstreit heraus. Doch als der Song vorbei war und ich aus dem Fenster die spießigen Anwohner sah, verging meine gute Laune gleich wieder.

Ich habe es ein halbes Jahr lang versucht. Aber es hat nicht funktioniert. Ich habe mich einfach nicht wohlgefühlt. Ich streite mich ja gerne mit jedem. Aber jeden Tag nach der Arbeit diesen Psychoterror – das musste nicht sein. Sie hatten recht. Es passte einfach nicht. Ich kündigte meine Villa in Sachsenhausen und zog nach Preungesheim. Eine der assigsten Siedlungen der Stadt. Trotzdem fühlte ich mich dort viel wohler. Auch wenn ich jeden Tag Tonnen von Sperrmüll vor der Tür sah und nachts zu dem Sound von sich streitenden Nachbarn einschlief. Es gehörte einfach dazu.

Und irgendwann änderte sich etwas in meinem Leben. Ich lernte Savas kennen. Savas war ein Freier. Das erste Mal kam er an einem Mittwoch zu uns ins Laufhaus. Es war spät, ich war fertig und hatte mich schon auf den Feierabend eingestellt. Ich wollte noch feiern gehen. Als ich gerade vor dem Spiegel stand, um mich fertigzumachen, kam meine Freundin Anja rein.

»Ewa, ich habe noch zwei Kunden reingenommen.«

»Och nein«, stöhnte ich und zündete mir einen Joint an. »Ich bin durch für heute.«

»Ach komm, bitte. Die beiden noch. Dann können wir gehen …«

»Echt nicht.«

Ich öffnete meine Jackie-Dose und nahm einen Zug von meinem Joint. Ich wollte Cookies. »Wir haben doch genug Geld gemacht, lass uns lieber ein paar Flaschen aufmachen, Anja. Hast du Koks?«

»Nee, ich will lieber noch arbeiten.«

Ich verdrehte die Augen. Dann kamen die beiden Typen rein. Zwei Kanaken. Und sie, eine Polin, überhaupt nicht geschult, macht natürlich alles falsch, was eine Nutte nur falsch machen kann. Anja war so ungeschult, sie machte für fünfundzwanzig Euro das Paradies. Als ich mitbekam, wie sie sich über den Tisch ziehen lassen wollte, griff ich dann doch ein. Und hatte auch gleich eine Idee, wie ich die Kerle wieder loswerden sollte.

»Okay, Jungs. Blasen, Ficken, Verkehr, Anfassen – gibt's für fünfundzwanzig Euro …«

»… okay, Verkehr«, sagte einer der Typen.

Ich gab ihm zu verstehen, dass er sich ausziehen und auf das Bett legen sollte. Währenddessen zog ich mir Handschuhe an, riss mir ein Stück von der Küchenrolle ab, drückte in die Mitte des Papiers ein Loch. Dann stülpte ich das Zewa über seinen Schwanz, damit ich bloß nicht in Kontakt mit seiner Schambehaarung kam.

»Aller, was machst du denn da?«, fragte er mich wütend. »Bist du Krankenschwester, oder was? Und wann ziehst du dich endlich aus?«

Ich lächelte und erklärte ihm mit gebrochenem Polnischdeutsch, dass für 25 Euro nur Verkehr mit der Hand drin sei und schaute dabei bewusst desinteressiert weiter auf den Fernseher und nahm noch ein Schluck von der Jackydose

»Geschlechtsverkehr kostet extra.«

»Hä? Willst du mich verarschen?«

»Nein, nein, das sind ganz normale Preise bei mir.«

»Deine Kollegin hat aber gesagt, Verkehr fünfundzwanzig Euro.«

»Genau. Handverkehr.«

Der Typ wurde aggressiv. »Wollt ihr uns verarschen? Was ist das denn für eine Abzocke?«

»Nix Abzocke. Normaler Preis.«

»Ich gebe dir gleich normalen Preis, wallah!«, sagte einer der Typen, was genau das Stichwort war, auf das ich gewartet hatte. Ich drückte einen kleinen Knopf und holte Siggi.

Siggi war meine menschgewordene Lebensversicherung. Mein Puff-Beschützer. Genau genommen war er der Beschützer von uns allen, aber ich hatte ein besonderes Standing bei Siggi, weil ich die Nutte war, die am meisten beschützt werden musste. Das war der Nebeneffekt davon, dass ich die Nutte war, die am meisten Freier abzog. Siggi war ein Zwei-Meter-Mann. Mehr Muskeln als Mensch. Er war Hells Angel und musste am Tag so schätzungsweise sechs bis sieben Mal bei mir vorbeikommen, weil ich den Alarm drückte. Wir hatten mittlerweile schon eine Art einstudierte Choreografie. Wenn mir ein Freier nicht passte, drückte ich den Knopf, Siggi kam, schrie, packte den Typen und schmiss ihn raus. Dafür bekam er jedes Mal einen Zehner zugesteckt.

Ich wollte diese beiden Kanaken-Typen auf dieselbe Art loswerden. Ganz einfach. Aber irgendetwas war anders. Ich drückte den Knopf, Siggi kam, schaute die beiden Typen an, schaute mich an, schaute wieder die beiden Typen an … und schüttelte den Kopf. »Das geht nicht«, sagte er.

»Wie, das geht nicht, Alter? Wirf die raus.«

Ich schaute Siggi fassungslos an. Er war richtig bleich. »Siggi, was los? Du zitterst ja!«

Er nahm mich an der Schulter und zog mich von den Jungs weg. »Ewa, die kann ich nicht rausschmeißen … das ist kompliziert«, flüsterte er.

»Hä? Schmeiß den Kanaken raus! Das ist dein Job! Bring den raus aus meinem Zimmer!«, schrie ich.

Siggi schaute mich mit großen Augen an. Dann wieder die beiden Typen. Irgendwas arbeitete in seinem Kopf. Wahrscheinlich wog er ab, vor wem er mehr Angst haben muss, vor mir oder vor diesem Kerl. Dann ging er rüber und sagte ihm ganz freundlich, dass man doch bitte unten alles klären sollte. Beim Rausgehen schaute mich der Kanake an und fuhr sich mit dem Finger über seinen Hals. »Pass bloß auf dein hübsches Gesicht auf.«

Siggi hatte ganz offensichtlich Angst vor dem Typen. Nach ein paar Minuten kam er wieder hoch und redete wie ein Verrückter auf mich ein. »Ewa, komm schon. Du musst den Jungen annehmen. Bitte!«

»Bist du jetzt komplett verrückt geworden?«

»Du kannst bei dem keine Show machen. Dieses Mal nicht. Das hier ist ein anderes Kaliber.«

»Oh nein, sind die von der Mafia?«, fragte Anja dazwischen. »Sind das Killer oder so?«

Ich verdrehte die Augen.

»Das sind doch bestimmt Killer. Ich habe so was mal im Fernsehen gesehen. So eine Doku.«

Ich setzte mich aufs Bett. Ich hatte Kopfschmerzen.

»Bitte, Ewa, glaub mir. Die Typen sind nicht irgendwelche Typen. Das sind andere Jungs, was die sagen, machen die. Draußen wartet noch eine Schlange mit zehn Freiern, stell dich nicht so an.«

»Das ist doch nicht Mediamarkt. Hier gibt es keine Geld-Zurück-Garantie. Was soll das?«

»Ja, bitte Ewa. Ich will nicht, dass die Typen mich umbringen«, bettelte auch Anja.

Was war denn eigentlich los? Es ging um fünfundzwanzig Euro. Das sollen so krasse Typen sein, aber sie machen einen Aufstand wegen fünfundzwanzig verdammten Euro?

Und dann kamen noch die anderen Jungs von den Hells Angels in mein Zimmer und redeten auf mich ein. »Ey, Ewa, wir haben gehört es gibt Ärger mit den Jungs da unten? Das ist schlecht, das ist ganz, ganz schlecht.«

»Oh Mann«, fing Anja an zu weinen. »Ich habe voll Angst.«

»Also gut!«, sagte ich. »Dann nehme ich den Kerl halt für fünfundzwanzig Euro. Meine Güte, was für eine Show.«

Die anderen wirkten erleichtert. Nur Anja schluchzte weiter.

»Und jetzt alle raus hier«, wies ich sie an.

Nach ein paar Minuten kam der Kanake dann hoch. »Haste es dir doch überlegt, Prinzessin?«

»Ja, ja, laber nicht rum. Gib mir die fünfundzwanzig Euro und dann leg los.«

Er musterte mich von oben bis unten und legte das Geld auf meinen kleinen Schminktisch.

»Ja, leg los jetzt!«, sagte ich. »Worauf wartest du? Ich habe noch andere Sachen zu tun.«

Aber es kam nicht dazu. Dass ich ihn vorher abgewiesen habe, hat sein Ego wohl so sehr gefickt, dass er selber nicht mehr in der Lage dazu war. Wie kannst du eine Nutte bezahlen und sie gibt dir dann nichts? Für ihn war das wohl sehr, sehr schlimm. Nach einer halben Stunde war er wieder weg.

»Sag keinem, was passiert ist!«, drohte er mir.

»Ist ja auch nichts passiert.«

»Mann! Sei bloß vorsichtig, Mädchen.«

»Wie heißt du?«, fragte ich den Typen.

»Savas.«

»Okay, Savas, pass auf dich auf. Schönen Abend noch. Ciao.«

Das waren wirklich sehr leicht verdiente fünfundzwanzig Euro.

Die Lust auf Partys war mir allerdings endgültig vergangen. Ich legte mich aufs Bett und zündete mir noch einen Joint an.

Dann kam Anja rein. Sie weinte wieder. »Hast du ihn gefickt?«, fragte sie mich.

»Nicht wirklich.«

»Oh Mann, Ewa. Der Typ, der bei mir war, hat mir erzählt, dass die total krasse Mafia-Verbindungen haben.«

»Ja, klassischer Schwätzer.«

»Ich habe voll Angst, dass die uns töten jetzt oder so.«

»Schatz, bitte versuch ein bisschen weniger zu denken. Das würde uns allen sehr, sehr gut tun.«

»Wie meinst du das?«

Ich zog an meinem Joint.

»Mir ist voll schlecht. Ich glaube, mir wird das hier zu heiß.«

»Beruhig dich einfach, Mädchen. So was passiert jede Woche. Das wirst du noch lernen.«

Am nächsten Tag kam Anja nicht mehr zur Arbeit. Sie ist nach Polen abgehauen. Ihr war die Sache dann doch zu heiß. Ich versuchte sogar noch die Wogen zu glätten und fragte ein bisschen rum, wer denn dieser krasse Typ nun war und wo ich ihn finden konnte. Ich wollte mich entschuldigen. Nicht weil ich das Gefühl hatte, dass ich mich entschuldigen musste. Ich wollte mich entschuldigen, damit alle anderen besser schlafen konnten. Ich fuhr also die halbe Stadt ab, um diesen Savas zu finden.

Als ich in den Spielhallen in Preungesheim nach ihm fragte, schmiss man mich allerdings raus. Man empfand es wohl als Zumutung und Unverschämtheit, dass eine wasserstoffblonde Nutte mit protzigem BMW reinkam und Fragen über den großen Paten stellte. Nach ein paar Tagen war es mir schließlich egal und ich gab die Suche auf.

Um diesen ganzen Wahnsinn irgendwie zu ertragen, nahm ich jede Menge Drogen. Ich hatte es zwar geschafft, von dem Crack loszukommen, aber anderes Zeug konsumierte ich noch immer. Ich brauchte das Zeug. Nicht weil ich süchtig war. Ich brauchte das Zeug, weil es mir half zu verdrängen, wie beschissen der Job als Nutte doch eigentlich war. Auf Kokain ließen sich die Freier besser ertragen. Also nahm ich so viel Kokain, wie ich bekommen konnte. Das war einer der Gründe, warum ich Martin so mochte. Martin war mein liebster Drogen-Freier. Wenn Martin kam, dann kam er mit dem besten, mit dem reinsten Koks, das ich jemals gesehen hatte. Kein Plan, wo er so gutes Flex her hatte. Martin kam meistens ziemlich spät, kurz vor 4 Uhr, also kurz vor Feierabend, aber ihm sah ich das nach. Ihm sah ich auch nach, wenn er kein Geld dabei hatte. Das Koks reichte mir. Und er hatte jede Menge davon. Martin war auch der Mann, der mir ein Erweckungserlebnis der ganz besonderen Art bescherte. Eines, dass ich niemals vergessen würde. Und das ausgerechnet an Ostern.

Martin war halber Grieche. Er hat ein eigenes Restaurant in der Stadt. Es war ständig geöffnet, oder er sorgte zumindest dafür, dass es immer offen war, wenn wir etwas essen wollten. So verbrachten wir unsere Zeit meistens zwischen Rotem Haus und Restaurant. Wir pendelten hin und her, vögelten zwischendurch und zogen eine Koks-Line nach der anderen. Er blieb nicht für ein oder zwei Stunden. Er blieb teilweise zwei, drei Tage. Er war eine Ausnahme unter den Freiern. Bei keinem anderen hätte ich das zugelassen, aber das Koks, das Martin mir brachte, machte mich etwas milder. Er kam immer gerne an den Feiertagen, weil er keine Familie hatte. An Ostern zogen wir uns einmal besonders viel durch die

Nase. Wir zählten jedes Päckchen, das wir killten. Nach dem 14. war ich nicht mehr aufnahmefähig. Ich legte mich auf das Bett und schlief ein.

Ich hatte irgendwelche wirren Träume und als ich aufwachte, sah ich Martin, wie er in meinem Badezimmer stand und sich den Mund ausspülte. Er war extrem blass und sah aus, als hätte er geheult oder so.

»Was ist los?«, fragte ich verschlafen.

Er schaute mich mit großen Augen an. »Du bist wach … oh Mann! Zum Glück!«

»Wie zum Glück? Willst du noch eine Runde ficken oder was? Hättest mich ja wecken können.«

Ich streckte mich.

»Du hast keine Ahnung, was passiert ist, oder?«

»Doch, ich habe geschlafen und du … du hast irgendwas anderes gemacht? Wie spät haben wir es eigentlich?«

Ich suchte nach meinem Handy und … verdammt. Es war Dienstag?

»Alter, wie lange habe ich geschlafen?«

»Schon einige Zeit. Ein paar Stunden … aber Ewa … du hast nicht geschlafen …«

»Doch, ich bin mir ziemlich sicher, dass ich geschlafen habe.«

Was hatte er bloß? Ist er etwa verrückt geworden?

»Ewa … Mann. Du … ich weiß gar nicht wie ich dir das jetzt sagen soll …«

Er setzte sich neben mich aufs Bett und vergrub sein Gesicht in seinen Händen.

»Jetzt hau schon raus.«

»Du … Du warst tot. Ich meine. Du bist gestorben vorhin.«

Ich schaute an mir herunter. Außer dass das Bett klitschnass war, war alles so wie vorher. Ich fühlte mich sogar relativ fit. Nicht tot.

»Ich habe vielleicht etwas fester geschlafen, Schatz.«

»Nein, nein, nein. Ich meine das Ernst. Du warst tot. Du hast das Zeug weggesnifft, hast dich aufs Bett gelegt und plötzlich wurdest du ganz blau. Da kam Schaum aus deinem Mund.«

»Wirklich? Und was hast du gemacht?«

»Ich habe versucht wegzulaufen.«

»Willst du mich verarschen?«

»Nein, im Ernst. Ich hatte Panik. Immerhin habe ich dir das Zeug gegeben, was dich umgebracht hat.«

»Und dann lässt du Penner mich einfach zurück?«

»Ich dachte, du wärst schon tot …«

»Wieso bist du zurückgekommen?«

»Es war schon so spät, dass die Eingangstür unten abgeschlossen war. Und ich wollte keinen Lärm machen und sie aufbrechen oder so. Naja. Außerdem fiel mir ein, dass meine DNA überall bei dir im Zimmer sein musste und die Bullen hatten erst letzte Woche eine Probe von mir genommen, wegen einer anderen Sache, aber da will ich gerade nicht drüber reden.«

»Alter …«

»Dann kam ich ja auch zurück. Ich habe versucht Wasser aus dem Waschbecken zu holen, um dich wachzubekommen.«

Dieser Trottel.

»Dann habe ich versucht dich wiederzubeleben.«

»Bist du sicher, dass ich nicht geschlafen habe?«

»Du warst blau und kalt! Auf jeden Fall habe ich dir so eine Herzmassage gegeben oder wie das heißt. Und eine Mund-zu-Mund-Beatmung. Dann hast du mir in den Mund gekotzt.«

»Bahh.«

»Ja, wem sagst du das. Aber jetzt lebst du ja wieder.«

Ich schaute, ob auf dem Nachttisch noch etwas Koks lag, legte mir eine Line und schnupfte sie weg, um wieder klar denken zu können. Verrückte Geschichte. Ich versprach mir selbst, in Zukunft ein bisschen kürzer zu treten. Martin fragte mich, ob er mich dafür, dass er mir das Leben gerettet hätte, künftig kostenlos ficken dürfte.

»Hey«, sagte ich. »Du hast mein Leben genommen und es mir später wiedergegeben. Ist doch eine faire Sache, oder? Ich denke, wir sind quitt.«

Er nickte und zog enttäuscht ab.

Ein paar Monate später haben Savas und ich uns in der Disko wiedergetroffen. Ich war wieder mit Weibern und ein paar Flaschen im VIP und feierte die Party meines Lebens, als einer der Türsteher zu uns kam. »Hey«, schrie er mir ins Ohr. »Du musst gehen.«

»Was?« Ich verstand kaum ein Wort. Die Musik war viel zu laut.

»Du musst gehen«, schrie er gegen die knallenden Bässe an.

»Was willst du von mir?«

»Mann, Mädchen, raus«, rief er und zerrte mich am Arm von meinem Tisch.

Meine Mädels sprangen sofort panisch auf.

»Junge, hast du den Verstand verloren?« Ich gab dem Kerl eine Klatsche und er ließ mich sofort los. Aber in dem Moment kamen schon zwei andere Securitys angelaufen.

Wir bauten uns vor den Kerlen auf. Im Hintergrund lief ein Song von Michael Jackson. »Was ist euer scheiß Problem?«

Sie zeigten auf den Nebentisch. Da saßen so ein paar Kanaken. Einer kam mir bekannt vor. Ich konnte ihn aber nicht wirklich zuordnen. Offensichtlich hatte der Kerl hier was zu sagen, und da wir es mit den Türsteher-Jungs nicht aufnehmen konnten, ich aber auch keinen Bock hatte, aus dem Club zu fliegen, wählte ich die Nutten-Strategie. Ich ging zu dem Typen und machte auf charmant.

»Schatzi«, sagte ich. »Was ist denn los? Ich habe gehört, du hast ein Problem mit uns?«

»Hau ab!«, zischte mich der Kerl an. Er kam mir wirklich bekannt vor.

»Kennen wir uns nicht von irgendwo her?«

Er warf mir einen tödlichen Blick zu. »Du weißt das ganz genau! Rotes Haus, vor zwei Monaten. Und du gehst jetzt hier raus, Schwester.«

Und da fiel es mir wieder ein. Savas. Der Fünfundzwanzig-Euro-Typ mit den Ego-Problemen.

»Jetzt erinnere ich mich wieder, Süßer. Wir hatten eine tolle Nacht. Komm doch rüber an unseren Tisch. Wir haben ein paar Flaschen da. Hübsche Mädchen. Bisschen Koks. Wir machen uns einen schönen Abend.«

Er musterte mich. War skeptisch. Aber ich hatte diese Nutten-Tour voll drauf. Mir machte da niemand was vor. Und Savas fiel voll drauf rein. Er kam mit an unseren Tisch und wir machten uns einen schönen Abend.

»Willst du deine 25 Euro immer noch zurück?«, fragte ich ihn.

»Ach scheiß drauf.«

»Was machst du so? Wieso bist du so ein gefährlicher Mafiosi, der eine von uns Nutten nach Polen vertrieben hat?«

»Habe ich das?«

»Ich denke schon.«

Er lächelte.

»War nicht schade um sie«, sagte ich und orderte noch eine Magnumflasche Wodka.

»Ich bin selber Puffbesitzer. Und Wirtschafter.«

»Aaalles klar«, lachte ich. Wir waren also auf demselben Film.

Wir feierten dann noch gemeinsam bis vier Uhr morgens. Und dann nahm ich ihn mit nach Hause.

Savas und ich hatten in dieser Zeit viel Kontakt. Wir trafen uns immer mal wieder auf Partys. Irgendwann tauschten wir Nummern aus. Und verabredeten uns für Partys. Für mich war er ein potenzieller Freier. Aber ein Freier, der nach und nach zu einem Freund wurde. Als wir mal wieder im VIP-Bereich eines Clubs saßen und ein paar Flaschen köpften, machte er mir einen Vorschlag.

»Yo, Ewa. Ich fahre mit meinen Jungs nächste Woche nach Ibiza. Hast du nicht Lust mitzukommen?«

»Nö.«

»Ach komm schon. Das wird eine gute Sache. Ich habe jede Menge Para. Wir haben ein riesiges Haus gemietet. Und wir lassen es uns gutgehen.«

»Sorry, echt nicht. Ich muss arbeiten. Das Para verdienen, was du in der Woche auf den Kopf hauen wirst.«

»Scheiß drauf. Ich bezahl dir die Woche auch.«

Ich dachte nach. Er sagte, dass er mit zehn bis fünfzehn Jungs da runterreisen würde. Das wäre dann so eine Gangbang-Nummer, überlegte ich. Für eine Woche. Eigentlich war die Idee gar nicht so schlecht. Statt mich im Puff von hundert Kerlen durchnehmen zu lassen, würde ich am Strand von Ibiza einfach nur fünfzehn Jungs bedienen. Wenn der Preis der Gleiche wäre, wäre das ein gutes Geschäft.

»Okay«, sagte ich. »Aber nur, wenn meine Freundin auch mitkommen kann.«

Savas strich sich durch die Haare. Er überlegte.

»Sie ist auch ne Nutte«, versuchte ich, ihn zu überzeugen.

»Ja, scheiß drauf. Komm. Soll sie mitkommen.«

»Selber Preis wie ich, ist klar, ne?«

»Ist klar.«

Und so flogen Anka, Savas, seine fünfzehn Freunde und ich nach Ibiza in eine riesige, weiße Luxusvilla und feierten die größte Party unseres Lebens.

Mir hatte das imponiert. In Ibiza kostete unser Tisch zehn Mille für einen Abend. Für ihn kein Problem. Das fand ich krass. Die ganze Zeit in Ibiza verbrachte ich nur mit Savas. Ich hatte ihn noch immer als Freier gesehen. Er war fünfzehn Jahre älter als ich. Normalerweise hing ich mit Jungs rum, die in meinem Alter waren. Aber irgendwie war er auch mehr als ein Freier. Es war merkwürdig. Er war wie ein Freund. Ein Freund, mit dem ich Sex hatte. Mit dem ich guten Sex hatte. Aber ich redete mir immer wieder ein, dass ich das nicht überinterpretieren dürfte: Er war ein Freier. Mehr nicht.

Nach Ibiza hat er mich dann zu sich eingeladen: noch mal und noch mal und noch mal. Jedes Mal brachte ich ein paar mehr Klamotten mit. Und irgendwann hatte es sich so ergeben, dass ich bei ihm wohnte. Für mich war er immer noch ein Freier. Aber irgendwie war mir andererseits klar, dass das nicht stimmte.

Irgendwann wollte ich unsere Grenzen austesten. Und vögelte mit einem anderen Typen. Ich erzählte Savas davon.

»Mit einem Freier?«

»Mit Freiern ficke ich jeden Tag.«

»Also was Ernstes?«

»Ja.«

»Okay, pack deine Sachen, es ist vorbei.«

»Dein Ernst?«

»Ja, verpiss dich!«

Er schmiss mich raus. Krass. Für ihn war die Sache wohl offensichtlich doch etwas ernster, als ich es gedacht hatte.

Als er Schluss gemacht hat, zog ich zurück ins Rote Haus. Nach und nach wurde mir bewusst, wie sehr er mir eigentlich fehlte. Und dann gestand ich es mir selber endlich ein. Ich hatte mich in Savas verliebt. Er war nicht irgendein Freier. Das war er nie. Ich ließ mir ein »S« tätowieren und stand jeden Tag vor seiner Tür. Ich kämpfte um ihn. Ich wollte ihn zurück. Und irgendwann ließ er mich wieder bei sich einziehen.

Savas hatte eine Tochter. Sie hieß Yasmin, war sechzehn und lebte im Heim. Ihre Mutter ist abgehauen. Und Savas wollte nicht, dass sie bei ihm wohnt. Er hatte zu viel Angst, dass sie in schlechte Kreise abdriftete. Immerhin war er Puffbesitzer. Er dachte, dass es für Yasmin besser wäre, nicht bei ihm zu sein. Ich liebte dieses Mädchen über alles. Sie war für mich wie eine eigene Tochter. Ich überredete Savas, dass wir uns gemeinsam eine größere Wohnung nahmen und das Mädchen zu uns holten. »Ich werde schon auf sie aufpassen«, sagte ich. Und das taten wir.

Yasmin war ein tolles Kind. Aber sie war auch mit allen Wassern des Lebens gewaschen. Sie war schließlich im Heim aufgewachsen. Sie wusste, wie man Geld verdient. Sie war ganz schön abgebrüht. Sie sah mich nie als eine Stiefmutter. Eher als eine Art beste Freundin.

Einer meiner treuesten Kunden war Willy. Willy war immer da. Erst kam er einmal im Monat. Irgendwann kam er einmal die Woche und dann jeden zweiten Tag. Ich konnte gut mit Willy, denn Willy wollte nicht ficken. Er wollte nur, dass ich ihm einen Zehn-Kilogramm-Hammer an den Schwanz binde. Kein Plan, was ihm das gegeben hat, aber irgendwie machte ihn das scharf. Wenn Willy ankam, grüßte er mich freundlich, zog sich aus, ließ sich den Zehn-Kilo-Hammer an die Eier schnüren und stand dann in meinem Zimmer und schaute mich an. Der Hammer baumelte an ihm und wir unterhielten uns ein bisschen.

»Und Willy, wie war dein Tag so?«

»Gut, gut«, sagte er. »Ein bisschen stressig.«

Willy arbeitete bei der Sparkasse. Er war Kundenbetreuer. Wer Kundenbetreuer bei der Sparkasse ist, scheint einen ziemlich stressigen Job zu haben, denn Willy erzählte dauernd davon, wie aufreibend doch alles war.

»Wieder viele Kunden gehabt?«, fragte ich nach.

»Ja, es ging rein und raus. Ich hatte keine fünf Minuten Ruhe.«

»Das kenne ich nur allzu gut, Schatz.«

Ich schaute auf meine Uhr und zog eine Kippe aus der Box.

»Stört es dich?«

»Nein, gar nicht.«

»Willst du?«

»Nein, danke.«

Ich rauchte und Willy stand herum und ließ den Hammer baumeln. Als sein Schwanz anfing, blau anzulaufen, fragte ich, ob es genug wäre.

»Ein bisschen noch, bitte.«

»Willst du einen Kaffee, Willy? Eine Cola? Irgendwas?«

»Nein, danke.«

»Okay, du meldest dich?«

»Ich melde mich.«

Ich schaute aus dem Fenster. Eine kleine Pause entstand. Ich rechnete meine Tageseinnahmen im Kopf durch. Ich mochte Kunden wie Willy. Das war gut verdientes Geld mit wenig Arbeit …

»Okay«, sagte er. »Ich wäre dann so weit.«

Ich löste die Schnur mit dem Hammer von seinem Ding, er zog sich an, verabschiedete sich und wünschte mir noch einen schönen Tag. »Bis übermorgen.«

»Ja, Willy, bis dann.«

Willy war ein Mann ohne Eigenschaften. Er sah aus wie ein ganz gewöhnlicher Durchschnittsmensch aussieht. Nicht zu klein. Nicht zu groß. Nicht übergewichtig. Nicht untergewichtig. Keine besonders gute, aber auch keine besonders schlechte Haut. Eine Brille. Kurze, dunkle Haare. Jemand, der in der Masse einfach untergeht. Wenn ich heute die Augen schließe und versuche, ihn mir vorzustellen, dann bekomme ich kein klares Bild. Das einzig Markante an Willy war sein Duft. Sein Parfum. Er roch nach Fahrenheit. Ein extrem süßlicher Geruch. Von dem Zeug benutzte er eher zu viel als zu wenig.

Je öfter Willy kam, desto mehr veränderte er sich. Früher wollte er nur den Hammer an den Schwanz gemacht bekommen haben und alles war okay. Doch nach und nach wurde er immer gesprächiger. Ich dachte zuerst, das läge daran, dass Willy einfach aufgetaut ist. Dass er ein schüchternerer Typ ist, der eine Anlaufphase braucht. Aber ich hatte den Eindruck, dass er immer aufdringlicher wurde.

Als er wieder einmal bei mir war, wurde das Gespräch sehr merkwürdig. Es begann wie immer. Willy kam an, Willy zog sich aus, ich band Willy den Hammer um, er schwang ein wenig damit herum und wir unterhielten uns über seinen Tag.

»Weißt du, Ewa. So spannend war das gar nicht in der Bank. Viel spannender fände ich, wenn du mal etwas erzählst.«

»Ich habe nichts zu erzählen, Schatz. Ich bin immer nur hier und warte darauf, dass mein Lieblingskunde vorbeikommt.«

»Wer ist dein Lieblingskunde?«

»Na du, süßer Willy«, schmierte ich ihm Nuttenstyle-Honig um sein Maul.

»Wirklich? Das sagst du nicht nur so?«, fragte er mit dem Hammer an seinem Schwanz.

»Neeeein, natürlich nicht! Warum sollte ich das einfach so sagen, Schatzi?«

Ich wunderte mich, wie dumm die Männer doch waren. Wie groß ihre dämlichen Egos waren, dass sie einer verdammten Nutte abkauften, dass sie die Tollsten, die Besten, die Härtesten, die Schärfsten sind. Meine Güte. Wie konnte es sein, dass das jedes Mal funktionierte?

Aber bei Willy ging ich zu weit. Denn Willy verliebte sich in mich. Und zwar richtig. Er fing an, mir zu sagen, dass er es nicht verkraftet, dass ich noch andere Freier habe. Er sprach davon, mich auslösen zu wollen. Aber er habe zu wenig Geld.

»Ach, Schatzi«, sagte ich. »Du musst nicht neidisch sein. Ich habe doch nur Augen für dich.« Ein ekliger Fehler. Aber das wusste ich noch nicht.

Als Willy an diesem Tag gegangen war, kam der nächste Freier rein.

»Hallo«, sagte er, ohne mich anzuschauen. Dann stellte er sich ganz förmlich und verkrampft vor. »Ich bin Thomas.«

Thomas war ein Deutscher. Ein Bilderbuchdeutscher. Er war Mitte vierzig, hatte ein kariertes Hemd an, das bis ganz nach oben zugeknöpft war, blonde zur Igelfrisur hochgegelte Haare und einen fetten Bauch. Sein Gesicht sah aus wie das Gesicht einer Ratte. Ein ekliger Typ. Ich versuchte zu erraten, was sein Ding war. Ich nahm an, er wollte mich in den Arsch ficken und ein bisschen Sadomaso oder so.

»Was darf's denn sein, Schatz?«, spulte ich meine Nummer ab.

»Ich habe einen anderen besonderen Wunsch.«

»Das haben sie alle.«

»Mhhm. Kannst du meine kleine Tochter spielen?«

Ich musste schlucken. So einer also. Davon gab es viele. Zu viele. Ich wollte gerade abwürgen, bevor er mir noch mehr erzählte, bevor er mir zu viel erzählte, Dinge erzählte, die ich nicht hören wollte. Aber da war es schon zu spät.

»Sie heißt Sarah und ist diese Woche vier Jahre alt geworden. Ich weiß … das ist vielleicht etwas komisch.«

Ja, das ist etwas komisch. Aber ich tat es. Ich habe mit vielen anderen Nutten gesprochen. Es gab Mädchen, die solche Pädo-Typen mit ihren Stiefeln verprügelten und aus dem Zimmer jagten. Niemals würden sie so was tun. Das war selbst den abgewichstesten Nutten zu krank. Aber ich tat es. Ich dachte mir immer, dass es besser ist, wenn ich es tue, als wenn sich der Kerl irgendwann wirklich an seiner Tochter vergeht. Dass ich vielleicht so eine Art Ventil bin. Ich zog dann meine Schulmädchen-Uniform an, band mir zwei Zöpfe und machte diese »Papa, ich hab dich lieb«-Nummer. Ich meine, wenn der Typ schon zu mir kommt und mir von seinem Kind erzählt, erzählt, dass er Fantasien mit ihr hat, dann muss ich doch zumindest irgendwie unterstützen, dass er noch die Grenze zieht und damit zu einer Nutte geht und sie hier im Puff auslebt, statt zu Hause. Ich habe mich vor diesen Bastarden übertrieben geekelt. Aber ich habe es gemacht. Dafür habe ich sie dann aber auch richtig zur Kasse gebeten. Und ich meine richtig.

Als ich mit Thomas dem Pädo fertig war, beschloss ich, Feierabend zu machen. Ich hatte genug verdient. Und genug Scheiße erlebt, die meine Seele irgendwie verarbeiten musste. Ich machte mich auf den Weg nach Hause. Als ich vor meiner Haustür stand und die Wohnungstür aufschloss, hatte ich plötzlich so einen merkwürdigen Geruch in der Nase. Einen ganz intensiven Duft. Ich überlegte kurz, was das war. Dann kam ich drauf: Parfum. Fahrenheit. Ich musste kurz an Willy denken. Eklig. Dann ging ich in den Hausflur, die Treppen hoch zu meiner Wohnung und versuchte, den Gedanken loszuwerden.

Als ich am nächsten Tag zur Arbeit fuhr, sah ich Willy auf der anderen Straßenseite. Er schaute mich nur an. Machte aber nichts. Unheimlich, dachte ich. Und von diesem Tag an merkte ich, dass er mich verfolgt. Ich bildete mir das mit seinem Parfum nicht ein. Er war wirklich überall. Er kam zu mir nach Hause, auch wenn er sich dort nicht zeigte, und er lief die ganze Zeit im Puff rum, auch wenn er nicht mehr zu mir hochkam. Dann bekam ich anonyme Liebesbriefe. Mir war klar, dass sie nur von Hammer-Willy sein konnten. Der Typ machte mich nervös. Das ging einige Monate so. Und die Briefe wurden immer aggressiver. Er drohte mir, etwas Schlimmes zu tun, wenn ich nicht aufhören würde, »fremde Kunden« anzunehmen. Ich überlegte, was ich tun sollte. Zur Polizei gehen? Savas davon erzählen? Ach was, es war Willy. Der Typ mit dem Hammer am Schwanz. Der war doch harmlos. Ich wollte es nicht überdramatisieren. Aber ständig sein Parfum zu riechen, machte mich wahnsinnig. Ich wurde richtig paranoid.

Nach einem halben Jahr sah ich Willy zum ersten Mal wieder. Es war eine sehr kurze Begegnung. Ich war im Rewe-Markt einkaufen, wollte gerade in mein Auto auf dem Parkplatz steigen und bekam plötzlich einen dumpfen Schlag auf den Hinterkopf. Ich kippte sofort um. Ich bekam nichts mehr richtig mit. Ich sah nur noch verschwommen. Sah, dass Menschen angelaufen kamen. Versuchten mir zu helfen. Meine Augen fielen immer wieder zu. Ich nahm wahr, dass sich eine Traube um mich bildete. Und in dieser Menschentraube stand Willy. Und er hatte einen Teleskopschlagstock in der Hand. Er war so in mich verliebt, dass er mich am liebsten umbringen wollte, damit mich nie wieder ein Mann anfassen kann. Das schrieb er mir in den Briefen. Und jetzt das. Das war dermaßen psychomäßig. Jemand rief einen Notarzt, der mich vor Ort untersuchte. Ich hatte eine Riesenbeule und eine Gehirnerschütterung, aber zum Glück keine bleibenden Schäden. Außer ein kleines Trauma. Aber davon hatte ich mittlerweile so viele, es spielte gar keine Rolle mehr.

Ich entschied mich, erst einmal einige Monate abzutauchen. Ich habe ja sowieso nicht bloß in Frankfurt gearbeitet. Ich war international tätig. Ich dachte, das wäre der einzige Weg, sich wirklich gut aufzustellen. Neue Kunden zu gewinnen und so richtig viel Geld zu machen. Eine meiner besten Freundinnen war damals Anka. Ich plante mit ihr einen Trip nach Monaco. Monaco war einfach unnormal. Die Leute da hatten nicht bloß wahnsinnig viel Geld, der kleine Stadtstaat an der französischen Küste war auch so winzig, dass sich die Freier auf jede neue Nutte stürzten, die vorbeikam. Und: Monaco war sehr weit weg von Willy, dem Psycho. Ich fragte meine Stieftochter Yasmin, ob sie nicht Lust hätte mitzukommen. Natürlich nicht um anzuschaffen. Aber sie sollte unsere Fahrerin sein. Sie war mittlerweile achtzehn und hatte ihren Führerschein. Anka und ich würden anschaffen, fünfhundert Euro für einen Quickie nehmen, und Yasmin würde uns von Kunde zu Kunde bringen und dafür zweihundert Euro am Tag bekommen und abends würden wir dann alle zusammen feiern gehen. Savas war zwar nicht begeistert von der Idee, hatte aber auch keine Einwände. Er wusste ja, dass seine Tochter bei mir in besten Händen war und dass ich sie wie eine Löwin verteidigen würde.

Also fuhren wir nach Monaco. Nach Monte Carlo. Am ersten Tag wollten wir uns ein bisschen Orientierung verschaffen. Ich hatte viel von dem Ort gehört, war aber bisher nie selber dort gewesen. Wir checkten in unserem Hotel ein und flanierten dann ein wenig durch die Innenstadt. Alles war wunderschön. Die Sonne schien, die Straßen waren wie geleckt, alle Menschen gut angezogen und in Designerklamotten unterwegs. Es schien, als wäre Monte Carlo der sorgenloseste Ort der ganzen Welt. Das lag natürlich auch daran, dass jeder hier mehr Kohle hatte, als er ausgeben konnte. Monaco war ein Steuerparadies. Und somit ein Eldorado für die Reichen und Schönen.

Wir setzten uns in ein Café und beobachteten die Leute. Am Nebentisch saß eine Frau in meinem Alter. Sie trug ein komplett weißes Chanel-Kostüm. Ich sah ihr auf den ersten Blick an, dass sie noch nie in ihrem Leben geackert hatte. Aus ihrer Gestik, aus ihrer Mimik, aus der Art, wie sie sich bewegte, schloss ich, dass sie von Kindheit an in irgendwelchen elitären Kreisen unterwegs war. Diese Art, wie reiche Menschen sich geben, das kann man nicht imitieren. Das kann man sich nicht aneignen. Ich weiß das, weil ich es selber nie geschafft habe. Aber dennoch: Wir beide sitzen jetzt hier. In diesem Scheißcafé auf dem Place du Casino in Monte Carlo. Wir zahlen für den Nachmittag hier mehr Geld als in Polen eine Frau an drei Tagen verdient. Auch wenn unsere Startvoraussetzungen denkbar anders waren, sind wir jetzt doch beide hier. Verrückt.

Ich nahm einen Schluck von meinem Tee und blätterte die Karte durch, die auf dem Tisch lag. Die holte mich dann ziemlich schnell wieder zurück in die Realität.

»Alter!«, sagte ich und stupste Anka an. »Check das mal.«

»Puuh«, sagte sie.

»Trink deinen Kakao langsamer, Yasmin! Der kostet verdammt noch mal fünfunddreißig Euro!«

Drei Getränke, ein Hunni. Das waren Puff-Preise. Wir hatten zwar genug Geld, aber das waren doch Dimensionen, die mir im normalen Leben fremd waren. Wahrscheinlich lebte die weiße Chanel-Frau zumindest in der Beziehung doch in einer anderen Welt.

Als wir am Abend ins Hotel fuhren, checkte ich noch mal unsere Anzeige im Netz. Anka und ich hatten Profile auf einer Homepage, auf der man Nutten buchen kann. Das lief wie in Deutschland. Da gab es auch einschlägige Seiten: Kaufmich.de, nutten.net, huren.net. Dort inseriert man. Wir gaben an, dass wir uns im Großraum Monte Carlo aufhalten würden. Man konnte uns dann einfach kontaktieren und einen Termin ausmachen und die reichen Kerle luden uns dann in ihre Hotelzimmer ein.

Es gab zwar nicht allzu viele Kunden hier, aber die Kunden, die es gab, waren dafür umso wertvoller. Wir vereinbarten einen Preis von fünfhundert Euro die Stunde, aber weil jeder hier zu viel Geld hatte, blieb es nie dabei. Die meisten Kerle gaben uns ein Trinkgeld von noch mal fünfhundert, sodass wir mit drei bis vier Kunden einen Tagesverdienst von gut viertausend Euro machten. Pro Person. Das war schon eine extrem gute Quote. Wir ackerten vier Tage durch, gingen zwischen den

Terminen in die großen Casinos, wo wir uns am Roulettetisch noch ein paar Kunden zusätzlich anlachten, und beschlossen am fünften Tag, unsere Profile wieder offline zu nehmen. Wir hatten genug Geld verdient. Jetzt wollten wir es auf den Kopf hauen. Und die restlichen zehn Tage, die wir eingeplant hatten, wirklich Urlaub machen.

Als wir in das Hotel kamen, machte ich den Fernseher an. Und ich konnte kaum glauben, was ich da sah.

»Hey Anka, komm mal her«, schrie ich.

Sie zeigten Giwar. Meinen alten Kumpel Giwar. In einem Beitrag zeigten sie Bilder von ihm und Samy. Die beiden Jungs wurden im Irak festgenommen.

»Kennst du den?«, fragte Anka.

»Oh ja …«, sagte ich und hörte weiter zu.

»Der Gangsta-Rapper wird verdächtigt, bei einem Überfall auf einen Goldtransporter mit mehreren Komplizen Zahngold im Wert von 1,7 Millionen Euro erbeutet zu haben«, hieß es in dem Beitrag. Ich schüttelte ungläubig den Kopf.

»Nachdem der Bonner Rapper monatelang mit einem internationalen Haftbefehl gesucht wurde, konnte man ihn nun im Irak festnehmen. Derzeit sitzt er in Untersuchungshaft. Von dem Gold fehlt noch immer jede Spur.«

Oh Mann, Giwar. Was machte er bloß für Sachen? Einen Goldtransporter überfallen? 1,7 Millionen Euro erbeuten? Naja, er dachte halt schon immer groß.

»Erinnere mich daran, dass ich ihm unbedingt schreiben muss, wenn wir wieder in Deutschland sind«, sagte ich Anka. »Meine Güte, was für ein Kerl.«

An unserem letzten Wochenende nahmen wir uns vor, noch einmal so richtig feiern zu gehen. Alle schwärmten vom Jimmy'z. Das Jimmy'z war die berühmteste Disco in ganz Monaco. Modern. Edel. Direkt am Strand gelegen. Das Jimmy'z war einer der angesagtesten Hotspots der Welt. Wir takelten uns so richtig auf und beobachteten die Schlange am Strand.

»Hey«, sagte Anka. »Guck mal da. Ist das nicht diese ProSieben-Moderatorin?«

»Ja!«, sagte ich. »Wahnsinn.«

Das Mädchen war in Deutschland extrem bekannt. Sie moderierte irgendeine Vorabendshow und wollte auch ins Jimmy'z. Wir setzten uns in den Sand und beobachteten, was passierte. Wir wollten ein Gefühl für den Laden bekommen, bevor wir uns dort anstellten. Ein Gefühl dafür bekommen, wie wir uns am besten geben sollten. Und dann sahen wir, dass die Tursteher diese bekannte ProSieben-Moderatorin nicht reinließen.

»Das gibt's ja nicht«, schüttelte Anka den Kopf. »Die weisen sie ab. Wie geht das? Die ist doch voll berühmt. Die ist immer im Fernsehen.«

»Für Monaco-Standard reicht das nicht.«

Anka wurde immer wütender. »Wie können sie die nicht reinlassen? Die interviewt immer die ganzen Promis. Da kann man sie nicht so behandeln«, sagte sie und ihr Kopf wurde ganz rot.

»Anka, chill! Das ist Monaco. Die gucken hier kein ProSieben.«

»Meinst du, das ist hier nicht so groß?«, fragte sie.

Ich schüttelte den Kopf. »Denk mal nicht allzu viel darüber nach.«

»Wenn die da nicht reinkommt, dann kommen wir auch nicht rein. Lasst uns was anderes machen.«

Also haben wir uns an einer Tankstelle eine Flasche Whisky gekauft. Und uns dann an den Strand gesetzt und die Whisky-Flasche geleert. Davon habe ich sogar noch ein Foto. Und haben von Weitem auf das Jimmy'z geguckt. Wenn diese Moderatorin da nicht reinkommt, was wollen wir da? Auf einmal tauchten drei Freier auf.

»Wollt ihr mitkommen? Wir haben VIP in Jimmy'z«

»Kommt, nehmt uns mit!«

Wir sind rein. Das waren Multimillionäre. Der eine hat mir einfach zweitausend in den BH gesteckt. Während wir ganz normal getanzt haben.

»Wir gehen nirgends anders mehr anschaffen. Was will ich mit zwanzig Euro auf dem Straßenstrich.«

Für fünfzehn Euro Blasen bin ich mit den Kunden mitgefahren! Das war eine andere Welt! Wir fahren eine Woche im Monat nach Monaco zum Arbeiten. Das war mein Plan. Aber meine Freundin fängt an: »Er liebt mich!«

»Schwester, nein.«

»Doch! Er will mich heiraten!«

»Jede zweite Frau hier sitzt auf seinem Schoß. Der ist Multi. Der holt sich die heftigsten Victoria's-Secret-Frauen ran. Vergiss es! Ich wünsch es dir, aber bleib realistisch!«

In der Diskothek habe ich dann einen Anruf von einem Typen bekommen. »Fünf Minuten meine Füße lecken, tausendfünfhundert Euro.«

Und das Hotel war genau zwei Minuten von der Disko. Es war klar, dass wir immer zusammen gehen. Wir sind ja in einem fremden Land. Wir wissen nicht, was passiert.

»Komm! Wir holen tausendfünfhundert Euro ab und kommen direkt wieder.« Wir hatten ja einen Stempel.

»Ewa, du verstehst nicht. Ich bleibe bei ihm. Er hat gesagt, er will mich heiraten. Ich liebe ihn.«

Diese dumme, hohle, naive Nutte. Auch noch jung. Die hat gedacht, sie hat's geschafft. »Ewa, ciao! Ich bin safe hier in Monaco!«

»Lass mal locker, lass uns kurz die tausendfünfhundert abholen. Der Typ will ganz kurz meine Füße lecken, dann kannste weiter machen!«

»Ich bleib, ich geh nicht.«

»Ich bin auch mit dir gegangen!« Wir machen das immer. Die eine bleibt unten stehen. Zum Aufpassen. Wenn etwas ist, das weißt du nie. Nur weil sie reich sind, heißt das nicht, dass sie nicht verrückt sind.

»Er hat gesagt, er heiratet mich. Er hat mich gefragt, ob ich ein Mädchen oder einen Jungen will.«

»Mädchen oder Junge? Chill, Alter! Den Typen hast du am Strand aufgegriffen. Wir sind im VIP mit zwanzig anderen, die alle zehnmal geiler sind als wir. Bleib auf dem Teppich, lass uns jetzt endlich die tausendfünfhundert abholen und danach kannst du weiter deine Romantik-Filme machen und sehen, was heute Abend passiert!«

Und dann haben wir angefangen uns zu prügeln. Sie dachte echt, sie wird Miss Monaco. Die kleine Schlägerei artete etwas aus. Ich schubste sie und sie fiel auf das Buffet, das aufgebaut war, dann schubste sie mich, und ich nahm eine Magnum-Flasche Champagner mit. Sofort kamen sieben oder acht Securitys angelaufen und schmissen mich raus. »Wieso schon wieder ich? Sie hat angefangen! Immer ich!«, schrie ich noch. Aber da landete ich schon am Strand.

In meiner Nähe entdeckte ich die ProSieben-Moderatorin, die inzwischen wütend in ihr Handy brüllte.

»Ich fühle dich, Schwester«, sagte ich und ging zum Auto. Yasmin und die dumme Anka würden schon ihren Weg nach Hause finden. Ich wollte jetzt zu meinem Freier fahren.

Aber ich kam nicht weit. Schon nach ein paar Metern zog mich ein Polizeiwagen aus dem Verkehr. Alkoholkontrolle. Scheiße! Ich war natürlich vollkommen besoffen.

Zwei Promille.

»Wir müssen Ihnen den Führerschein abnehmen«, sagte der Cop.

»Nein, nein, nein! Bitte nicht! Ich brauche ihn!«

»Tut uns sehr leid, Sie sind betrunken …«

»Ich weiß, aber ich bin eine Prostituierte. Können wir das nicht anders regeln?«

Die beiden Cops musterten mich von oben bis unten. Dann vereinbarten wir einen Termin für den nächsten Tag. Sie durften mich dort eine Stunde umsonst ficken. Ein fairer Deal. Als Sonderservice winkten sie noch einen Autofahrer aus dem Verkehr und verdonnerten ihn wegen einer angeblichen Geschwindigkeitsübertretung dazu, mich zu meinem Hotel zu fahren. Monaco war ziemlich cool, dachte ich noch.

Ein paar Stunden später kam auch Yasmin ins Hotel.

»Wo warst du?«, fragte sie mich vorwurfsvoll.

Ich erklärte ihr, dass ich rausgeflogen bin. »Wo ist Anka?«

»Die ist bei ihrem Mirko oder Marko oder wie der heißt …«

»Ah.« Er hatte sie tatsächlich mit nach Hause genommen. Das hätte ich nicht gedacht. Aber ich sollte doch recht behalten. Er nahm sie nur für eine Nacht mit. Danach kaufte er ihr ein Flugticket und schickte sie zurück nach Frankfurt. Aus der Traum von Mr. Right. Allerdings blieb unser Trip nicht ganz folgenlos. Denn als auch ich wieder in Frankfurt war, rief mich einer der beiden Rich Boys an. Er würde mich gerne mit einem Freund von ihm connecten. Er kam auch aus Frankfurt. Und hatte eine ganz besondere Geschäftsidee für mich.

Zurück in Deutschland zog ich Bilanz. Es lief alles gut für mich. Es lief wahnsinnig gut. Ich verdiente mehr Geld, als ich mir jemals vorstellen konnte. Ich legte jeden Monat ein klein wenig zurück. Ich dachte wieder an meinen Plan. Daran, meine Mutter und meine Brüder finanziell zu unterstützen. Ihnen ein Haus zu kaufen. Auch Willy, der Stalker, schien verschwunden zu sein. Entweder hatten die zwei Wochen in Monaco gereicht, um ihn loszuwerden, oder seine letzte Aktion mit dem verdammten Hammer hatte ihn selbst dermaßen erschreckt, dass er wieder zur Besinnung gekommen ist. Ich weiß es nicht. Aber es war mir auch egal. Hauptsache dieser Spinner war weg. Und auch Anka meldete sich bei mir und entschuldigte sich für ihr Verhalten. Natürlich hatte der Monaco-Typ ihr nach einer Nacht den Laufpass gegeben. Aber ich konnte nicht wütend auf sie sein. Sie hatte einfach ihre Träume. Die haben wir ja irgendwie alle. Aber ich hatte das Gefühl, dass meine Träume gerade Realität wurden. Mit Savas hatte ich schon meine kleine Familie und wenn ich noch zehn Jahre so weitermachte, hatte ich finanziell für alle Zeiten ausgesorgt. Wie süß das Leben doch sein konnte.

ZWISCHENSPIEL

JVA, Preungesheim, Juni 2017

Meine Zelle ist schlicht. Ein kleines Bett. Eine unbequeme Gummimatratze. Ein Kissen ohne Federn. Ich hätte mich auch auf ein Handtuch legen können und es wäre gemütlicher gewesen. Aber Mangel macht kreativ. Ich habe mir in den letzten Wochen angewöhnt, auf meinem Arm zu schlafen. An einer Wand steht ein Schreibtisch mit einer Ablage. Auf dem Tisch liegen zwei Stifte und ein Stapel Papiere. Hier habe ich alles aufgeschrieben. Meine Lebensgeschichte. Meine Lebensbeichte. Daneben liegt ein Brief von meiner Mutter, den ich bis heute nicht geöffnet habe. Ich kann es nicht. Ich habe mein Leben lang versucht, meiner Mutter nicht zu sagen, was ich wirklich mache. Versucht ihr zu verheimlichen, dass ich eine Nutte bin. Sie ist nicht dumm. Sie wird es schon lange gewusst haben, auch wenn sie es nie angesprochen hat. Aber jetzt? Ich weiß, dass alle Zeitungen in Deutschland über mich berichtet haben. Dass mein Fall Schlagzeilen machte. Auf den Titelseiten war. Oh Mama. Wie soll ich dir das alles nur erklären? Ich erteilte meiner Mutter und meinen Brüdern Besuchsverbot. Ich will nicht, dass sie mich im Knast besuchen kommen. Ich will nicht, dass sie mich so sehen. Ich fühle mich sehr schwach, seitdem ich hier bin.

Die Gitter an meinem Fenster sind breit. So breit, dass ich den Kopf durchschieben kann. Immer wenn die Sonne scheint, mache ich das, um ein bisschen Vitamin D zu tanken. Das sind die kleinen Freuden des Alltags in einem Alltag, der wenig Freude bereitet.

Mein Anwalt war heute da und hat mir meine Akte gebracht. Dort stehen alle Vorwürfe gegen mich drinnen. »Es ist wichtig, dass Sie diese Akte lesen«, hat er gesagt. Aber ich kann nicht. Ich habe nicht die Kraft, mir das durchzulesen.

Keine Ahnung wieso. Keine Ahnung, wovor ich Angst habe. Vielleicht vor mir selber.

Ich hatte das Ding vorhin meiner Zellennachbarin gegeben. Habe sie gefragt, ob sie da mal reinschauen könnte. Sie lehnte ab.

»Wallah, was ist das? Halbes Buch!«

Sie hatte auch keinen Nerv. Allein mein Haftbefehl ist schon zwölf Seiten lang. Auch das war nicht normal. Ich weiß das. Immer wieder kommen Mädchen hier in den Knast, die kaum ein Wort Deutsch sprechen. Ich helfe ihnen dabei, ihre Haftbefehle zu lesen. Aber egal, was sie gemacht haben, egal aus welchem Grund sie in den Knast gekommen sind – jeder gottverdammte Haftbefehl, den ich bisher gesehen habe, ist nicht länger als eine Seite. Ich habe die Akte unter meine Matratze gelegt, damit ich sie nicht mehr sehen muss. Wenn ich vor Gericht aussagen werde, dann werde ich das freestyle machen. Ich habe nichts zu verbergen. Ich werde einfach die Wahrheit sagen. So, wie sie passiert ist. So, wie sich alles zugetragen hat. So, wie ich sie gerade aufschreibe. Für mich. Für mein Gewissen. Für meine Familie und all die Menschen, die eine Antwort haben wollen, auf die vielen Fragen, die ich selber aufgeworfen habe. Ich greife nach meinem Stift. Und zwinge mich, weiterzuschreiben.

TEIL 3

SCHEINWERFERLICHT

Das Gefühl von Glück ist ein Gefühl, das man genießen muss, denn es ist vergänglicher als alle anderen Gefühle, die ein Mensch in der Lage ist zu fühlen. Die meisten Emotionen, die es gibt, hinterlassen uns etwas. Wut, Trauer, Schmerz. Sie bleiben zurück als Spuren auf unseren Seelen. Diese Spuren sind Narben, die uns daran erinnern, wer wir einmal waren oder zumindest woher wir kommen. Manchmal machen sie uns härter. Manchmal machen sie uns besser. Aber immer machen sie irgendetwas mit uns. Glück, Zufriedenheit und Freude hingegen sind Emotionen, die uns für einen kurzen Moment erheben – und dann einfach wieder verschwinden. Sie hinterlassen nichts. Und weil ich das wusste, wollte ich meine Situation nicht bloß in vollen Zügen genießen, sondern alles dafür geben, das Leben, das ich gerade lebte, zu retten. Zu konservieren. Ich wollte dafür sorgen, dass zumindest die Grundvoraussetzungen da waren, so weiterleben zu können, wie bisher. Das Geld, das ich hatte, und die Liebe, die man mir schenkt, waren etwas Besonderes. Vielleicht war ich niemals glücklicher.

Eine Woche nach meiner Ankunft in Frankfurt traf ich mich mit Albo dem Albaner. Albo war ein Freund von dem Monaco-Typen, mit dem Anka und ich die Nacht im Jimmy'z verbracht hatten. Er wollte unbedingt mit mir in Kontakt treten. Wenn er auch nur halb so viel Geld verdiente wie sein reicher Freund, sollte mir das recht sein. Für Männer mit Para war ich immer zu haben. Also sagte ich zu, mich mit ihm in einem Shisha-Café in der Innenstadt zu treffen. Der Laden war ziemlich nobel eingerichtet. Rote Sofas, eine lange Bar aus Glas und an den Wänden hingen künstlerisch halbwegs hochwertige Bilder in Goldrahmen. Ein bisschen protzig vielleicht. Aber damit konnte man bei mir landen. Zumindest als Freier.

»Ewaaaaaa«, begrüßte mich der Typ. »Endlich lerne ich dich persönlich kennen. Ich habe so viel von dir gehört.«

Ach ja? Das Einzige, was er von mir hätte hören können, waren meine extrem schlechten Nutten-Bewertungen im Internet. Aber darauf wollte er wohl nicht hinaus. Ich schaute ihn fragend an.

»Na, der Marko hat so viel von dir erzählt. Er meinte, du würdest dich wahninnig gut für unser Projekt eignen.«

»Ach? Welches Projekt denn?«

Albo der Albaner grinste und stellte mir ein Red Bull auf den Tisch. »Setz dich, setz dich.«

Der Typ sah wirklich ziemlich eigen aus. Seine Haare waren zurückgegelt, er trug einen ganz dünnen Oberlippenbart und sein schwarzes Hemd war mindestens vier Knöpfe zu offen, um ihm noch den letzten Anschein von Seriosität aufrechtzuerhalten. Ich machte es mir auf dem Sofa bequem.

»Weißt du, Mädchen, ich bin Filmemacher. Regisseur. Hättest du nicht Lust, mit mir einen Clip zu machen?«

Oh Mann. Das wollte er also. Ich bekam meine erste Pornofilmanfrage. Natürlich hatte ich in der Vergangenheit schon einige Male darüber nachgedacht, in einem Porno mitzuspielen. Alleine schon des Geldes wegen. Aber das konnte ich nicht machen. Niemals. Es gab einfach zu viele Nachteile. Zum einen würden mich die Dinger bis an mein Lebensende verfolgen, weil sie irgendwo im Internet herumgeisterten und zum anderen verdiente man mittlerweile auch nicht mehr genug mit dem Zeug. Früher war das wohl einmal anders. Da wurden die Darstellerinnen mit der Scheiße so richtig reich. Mittlerweile ist die Pornobranche durch das Internet so übersättigt, dass ich an einem halben Abend Straßenstrich mehr Einnahmen gemacht hätte als mit einer halbwegs professionellen Pornofilm-Produktion. Der Markt war tot. Und der Pornomarkt war auch gar nicht das, was ich überhaupt im Sinn hatte. Nein, ich hatte ganz andere Pläne. Ich wollte mein Monaco-Business groß auffahren. Ich sah ja jetzt, wie viel Geld da drin steckte.

»Sorry. Kein Interesse an einem Porno.«

»Nein, nein«, versuchte Albo mich wieder einzufangen. »Ich dachte nicht an einen Porno. Also, nicht direkt. Ich dachte mehr an einen *sexy Rap-Clip*.«

»Aller, willst du mich komplett verarschen? Einen sexy Rap-Clip?«

»Ja, Hip-Hop ist groß. Hip-Hop ist im Kommen. Da fahren die Leute drauf ab.«

»Auf gar keinen Fall! Und dann noch Deutsch oder was? Deutschrap ist noch schlimmer als ein Porno. Vergiss es!«

Ich trank das Red Bull in einem Zug aus und stand auf.

»Denk zumindest mal darüber nach«, sagte Albo und drückte mir seine Karte in die Hand. »Es hätte sehr viele Vorteile für dich. Es geht ja nicht um die Musik. Es geht darum, dass du sexy rumtanzt. Und dass wir dich heiß inszenieren. Das Ding laden wir auf einer Pornoseite hoch und glaub mir, Maus, du wirst so viele neue Kunden bekommen, das kannst du dir gar nicht vorstellen. Das ist Marketing. Die Leute werden drüber reden. Ich bringe mein Regie-Ding voran und du dein … Nutten-Ding. Alles ganz easy.«

Ich nahm seine Visitenkarte und fuhr wieder nach Hause. Verdammt, was der Typ da sagte, das war gar nicht mal so blöd. Ich fand diese Rapnummer zwar überhaupt nicht cool, aber für mein Geschäft war das eine große Sache. Nicht nur, dass ich neue Kunden bekommen würde. Ich würde auch Kunden bekommen, die bereit wären, mehr für mich zu bezahlen, weil sie mich ja im Internet gesehen hatten. Internetprominenz war ja auch eine Art der Prominenz und jede Form von Prominenz erhöhte den Wert einer Hure. Und wenn es halt nur ein sexy Clip war … ach, es war okay. Scheiß drauf.

Ich wählte noch am Abend Albos Nummer und sagte ihm, dass ich doch mitmachen würde.

»Eine kluge Entscheidung, Maus«, freute er sich. Wir hatten einen Deal.

Der Dreh sollte in einer Woche stattfinden. Bis dahin hatte ich Zeit, einen Rappart zu entwerfen. Seit ich damals mein erstes Gedicht für Günther Müller schrieb, hatte ich immer mal wieder Tagebuch geführt. Und mich auch immer mal wieder an Gedichten versucht. Ich fand nicht, dass ich besonders gut war, aber es würde wohl ausreichen. Die Musik, betonte Albo der Albaner ja immer und immer wieder, die Musik stand ja sowieso nicht im Vordergrund. Auch wenn er immer wieder betonte, dass die Aufnahmen keine große Sache waren, beschäftigten sie mich doch. Während ich im Puff ein paar Kerle abzockte, war ich die ganze Zeit in Gedanken bei dieser Rap-Nummer. Sie ging mir einfach nicht mehr aus dem Kopf. Sogar als ich nach Hause kam und mich zu Savas ins Bett legte, drehten sich meine Gedanken. Ich legte mich neben meinen Mann und schloss die Augen. Dann stellte ich mir vor, wie die Nummer wohl werden würde. Ich schloss die Augen und schlief ein. Ich wurde von einem summenden Geräusch geweckt. Ich öffnete die Augen und schaute mich um. Savas lag neben mir. Er schlief. Ich schaute mich um. Was war das? Wo kam das her? Ich stand vorsichtig auf und lief durch die Wohnung. Nichts. Aber das Geräusch hörte nicht auf. Es wurde immer lauter. Als ich dann ins Wohnzimmer kam, bekam ich den Schock meines Lebens. Da schwebte mitten im Raum eine riesige Libelle. Und ich meine wirklich eine verdammt riesige Libelle. Die war so groß wie ich. Sie schwebte einfach so im Raum. Mein Herz schlug wie verrückt. Ich rannte aus dem Zimmer und schloss die Tür hinter mir ab. Oh Gott, werde ich jetzt etwa wahnsinnig? Ich brauchte dringend frische Luft. Ich öffnete die Tür zu unserem Hausflur, da stand plötzlich Giwar vor mir.

Er stand da und starrte mich an.

»Giwar? Was zur Hölle machst du hier?«

Er öffnete den Mund, um etwas zu sagen, aber statt Worte, brachte er nur verzerrte Geräusche hervor. Es war schrecklich.

»Giwar, Alter! Was soll das? Was geht? Mach kein Scheiß.«

Er schaute mich mit traurigen Augen an und reichte mir die Hand, doch bevor ich sie greifen konnte, verschwand er einfach.

Was war nur los? Bin ich verrückt geworden? Habe ich den Verstand verloren? Ich ging zurück in unsere Wohnung und sah die alte Frau wieder, die ich damals in der Bar in Dänemark gesehen hatte. Sie kam wieder auf mich zu, wie schon damals und griff mich am Hals. Sie fing an mich zu würgen.

»Übernimm nur die Verantwortung für deine eigenen Sünden, Kind. Sonst wird es dein Verderben sein«, schrie sie und drückte zu.

»Nein«, schrie ich! »Loslassen!«

Ich wurde panisch. Versuchte mich von ihr loszureißen.

»Ewa.«

Ich schrie laut um Hilfe. Ich spürte, wie mir die Luft wegblieb.

»Ewa.«

Die Alte drückte immer fester zu. Ich spürte, wie ich langsam ohnmächtig wurde.

»Ewa, verdammt wach auf!«

Ich riss meine Augen auf. Savas stand neben mir. »Mann! Ist alles okay?«

»Was ist passiert?«

»Du hast geschrien wie eine Verrückte. Du musst einen krassen Albtraum gehabt haben.«

Ich schaute mich um. Schaute an mir herunter. Ich war komplett durchgeschwitzt.

»Ja«, sagte ich. »Ein Albtraum.« Ich atmete tief ein. »Wow, das war wirklich krass. Ich habe von Giwar geträumt. Es war … unheimlich.«

Savas gab mir einen Kuss und brachte mir ein Glas Wasser. »Versuch zu schlafen.«

Aber ich wurde die Albträume nicht los. Sie wurden schlimmer und schlimmer. Von Nacht zu Nacht.

So ging das drei Tage lang. In der vierten Nacht hatte Savas genug. Er weckte mich.

»Mann, was ist los mit dir?«

»Wieso? Was?«, fragte ich noch völlig verschlafen.

»Du hast schon wieder geschrien! Hattest du wieder diesen Traum?«

Ich brauchte ein paar Sekunden, um mich zu orientieren. »Ja … ja«, sagte ich. »Ich habe schon wieder von Giwar geträumt.«

»Gottverdammt, Ewa! Das kann so nicht weitergehen. Ich kann nicht mehr schlafen wegen deinem scheiß Traum. Mach was!«

»Was soll ich denn machen?«

»Keine Ahnung, entweder du gehst zu einem Psychologen, du schreibst ihm einen Brief oder ich schlafe auf der Couch!«

Ich nickte. »Das mit dem Brief ist eine gute Idee …«

Ich setzte mich gleich am nächsten Morgen an unseren Schreibtisch und fing an zu schreiben. Ich schrieb mir einfach alles von der Seele. Ich schrieb, was mir in den letzten Jahren alles passiert war, ich erzählte von meiner Familie, von meinem Leben, von meinen Plänen. Ich schrieb ihm von meinen komischen Träumen und von meinen Plänen diesen sogenannten sexy Rap-Clip zu drehen. Ich schrieb und schrieb und schrieb. Und am Ende hatte ich acht Seiten. Der Brief war wie eine mehrstündige Therapiesitzung für mich. Als ich alles vor mir hatte, überlegte ich einen kurzen Moment, ob ich das wirklich abschicken konnte. Was würde Giwar von mir denken?

»Komm, schick es weg«, bat mich Savas. »Vielleicht hören deine Träume dann endlich auf.«

Ich funkte ein paar gemeinsame Freunde von Giwar und mir aus Bonn an, die mir seine Adresse gaben und ich schickte den Brief weg.

Eine Woche später begannen die Dreharbeiten für mein Video. Wir trafen uns in einem Stripclub. Ich hatte mir einen kleinen Text zurechtgeschrieben. Er war wahrscheinlich ziemlich mies, denn wie Deutschrap funktionierte, wusste ich nicht. Woher denn auch? Ich habe das nie gehört. Ich hörte Pop und R'n'B, aber Albo der Albaner lobte den Text dennoch unnormal.

»Wow, das ist richtig gut«, log er mich an. So ein Schwätzer. Aber so lange er hinter der Kamera seinen Job machte, war es mir egal. Die Settings, die er raussuchte, waren zumindest für mich als Laien auf den ersten Blick ganz okay. In dem Clip räkelte ich mich auf einem Ferrari, tanzte an einer Stange und gab mich als das, was ich war: eine Nutte. Dafür brauchte ich kein schauspielerisches Talent.

Als ich am Abend nach Hause kam, hatte ich einen Brief von Giwar in meinem Briefkasten. Er war ziemlich dünn. Zumindest im Vergleich zu der halben Biografie, die ich ihm vor ein paar Tagen geschickt hatte. Ich öffnete neugierig den Umschlag und fand darin einen kleinen Zettel mit vier Worten: »Ruf mich an. Giwar«. Dadrunter war eine Telefonnummer notiert. Ich checkte noch einmal den Briefumschlag. Absender: JVA Ellwangen. Wieso zum Teufel hatte er ein Telefon in der JVA? War das ein Scherz? Ich wählte die Nummer.

»Ja hallo?«, flüsterte jemand.

»Giwar?«

»Ja, wer ist da?«

»Ich bin's Ewa. Giwar! Wo bist du?«

»Psscht. Ich kann nicht so laut reden. Ich bin in der JVA. In meiner Zelle.«

Typisch Giwar. Er hatte sich eiskalt ein Handy in seine Zelle geschmuggelt. Immer am dribbeln. Er war noch ganz der Alte.

»Dieser Dreh«, fragte er plötzlich. »Was ist das?«

»Es ist ein sexy Rap-Clip.«

»Was sexy Rap-Clip. Was soll das sein?«

»Schau mal, Digga. Ich habe deine Musik neulich auf MTV gesehen. Und du siehst bald meinen Porno im Netz. Es ist alles so gekommen, wie wir es uns damals in London vorgestellt haben.«

»Hör mal«, flüsterte er. »Mach das nicht mit dem Clip! Das ist unprofessionelle Scheiße.«

»Was unprofessionell? Ich habe gerade einen Pornoclip gedreht. Glaub mir, ich tanz voll geil an der Stange. Mega sexy.«

»Neeein, nix Stange tanzen! Ewa! Lass es!«

»Doch, die Leute sollen wissen, dass ich eine heiße Nutte bin. Was denkst du, was mir das an Kunden einbringen wird?«

»Das kannst du nicht bringen. Was erzählst du da?«

»Ich tanze an der Stange. Ich rappe dazu ein bisschen. So ne Rotlichtstory. Wie ich einen Kunden abziehe. Alles easy. Keine große Sache.«

Giwar atmete schwer ins Telefon.

»Ewa«, sagte er in einem ruhigen Ton. »Ich weiß, dass bei dir gerade läuft. Dass du viel Para machst. Dass du gerade mit zweihundert Sachen durch dein Leben bretterst. Aber glaub mir, ich weiß, dass es nicht immer einfach ist, bei dieser Geschwindigkeit die Kurve zu bekommen.«

So kannte ich Giwar gar nicht. Ist er etwa altersweise geworden?

»Wir machen das anders«, sagte er. »Ich habe darüber nachgedacht. Du bist jetzt gesignt. Bei Alles oder Nix.«

»Was bedeutet das?«

»Das ist mein Label.«

Ich hatte keine Ahnung, was er von mir wollte.

»Du bist gesignt, du bist jetzt meine Künstlerin. Wir machen mit dir ein Video.«

»Was Künstlerin? Ich bin Nutte, Junge!«

»Künstlerin. Vertrau mir. Du kannst nicht immer Nutte sein. Du wirst Rapperin. Da meldet sich bald jemand bei dir. Ich kümmere mich um alles. Und cancel bloß den Porno-Scheiß. Das darf niemals erscheinen! Ich fick dich, wenn das rauskommt.«

Er legte auf. Puh. Ich dachte nach. Ich hatte keine Ahnung, was er vorhatte. Aber aus irgendeinem Grund vertraute ich Giwar. Er hatte einen Plan von den Dingen, auch wenn ich nicht genau wusste, was für ein Plan das war und wo mich hinführen sollte. Aber ich hatte doch nichts zu verlieren. Außer einen billigen Pornoclip.

Ich rief Albo den Albaner an und sagte ihm, dass das Video nicht erscheinen dürfte. Er war ein bisschen sauer, aber ich machte auf nett und versprach ihm, dass ich ihm meine schönste Freundin vorstellen würde und die Sache war geklärt.

Zwei Tage später meldete sich Sohail bei mir. Sohail war der Labelmanager von Alles oder Nix. Der Plattenfirma von Giwar. Ein netter Kerl. Wir unterhielten uns ein bisschen und er sagte, dass er seinen kleinen Bruder schicken würde, um mit mir einen Track aufzunehmen, zu dem wir dann später ein Video drehen würden.

»Ich habe den Song schon aufgenommen«, sagte ich.

»Oh. Dann schick ihn mir mal.«

Ich schickte ihm die Aufnahme, die ich mit Albo gemacht hatte.

Er hörte sie sich an und rief wieder an. »Ja, also, ich schicke dir besser meinen Bruder, damit ihr den Track neu aufnehmen könnt. Er ist auch Rapper. Er heißt SSIO. Er weiß Bescheid. Ich denke, das muss man noch mal aufnehmen. Das ist nur so … das muss man einfach besser noch einmal aufnehmen. Und schick Giwar mal den Text in den Knast.«

Oh Mann. So viel Stress. Was sollte das denn? Was machten die Jungs da für eine Wissenschaft draus? Ich wollte doch keinen Welthit landen, ich wollte einfach nur Werbung für mich als Nutte machen.

Eine Woche später war ich mit SSIO verabredet. Wir wollten uns in einem Hotelzimmer treffen. Dort wollten wir gemeinsam meinen Song schreiben. Ich chillte mit Anka auf dem Bett und checkte meine Mails.

»Wo bleibt der Typ denn?«, fragte sie mich. Es war 20 Uhr.

»Wir waren doch für 18 Uhr verabredet.«

Mann, der Typ war schon zwei Stunden zu spät. Was sollte das? Da war ja Albo der Albaner noch zuverlässiger. Irgendwann klopfte es.

»Ja?«, fragte ich.

»Hallo?«, fragte eine Stimme zurück.

»Wer ist denn da?«

»Ich. Hallo?«

Ich schüttelte den Kopf und öffnete die Tür. Da stand ein großer, breiter Typ vor mir und musterte mich von oben bis unten.

»Du ziehst, ne?«

»Was? Wer bist du?«

»Ich bin SSIO«, er gab mir die Hand und kam in das Hotelzimmer.

»Ah, hi. Ich bin SSIO«, begrüßte er auch Anka. »Ziehst du?«

Anka schaute mich fragend an. Ich zuckte nur mit den Schultern.

»Zieht ihr nicht? Na gut, ich auch nicht. Lasst uns den Song schreiben, oder?«

»Ähm, ja, klar.«

SSIO setzte sich zwischen uns auf das Bett, zog ein Blatt Papier raus, auf dem mein erster, ursprünglicher Text stand und fing an mit einem Stift darauf Markierungen zu machen. Er erklärte mir, dass die Reimstruktur zu einfach wäre. »Das sind Haus-Maus-Reime. Das machen Kinder so.«

»Was ist ein Haus-Maus-Reim?«

»Der erstmögliche Reim, der dir einfällt. Haus?«

»Maus.«

»Siehst du? In Rapsongs muss das ein bisschen komplexer sein.« Ich bekam einen Grundkurs in Songwriting und dann fingen wir an, den Text komplett zu überarbeiten. Der Typ hatte wirklich wahnsinniges Talent. Wir brauchten eine Stunde. Dann war »Schwätza« fertig. Meine allererste Single. Mein erster eigener Song.

»So, die Damen, wir müssen jetzt weiterziehen. Es steht noch ein Videodreh an.«

»Interpol. Hat Sohail euch das nicht erzählt?«

»Nein«

»Giwar hat im Knast einen Song aufgenommen. Heimlich. Er hat so ein Diktiergerät in seiner Zelle. Zu dem Song drehen wir jetzt ein Video. Ein Solidaritätsvideo. Free-Xatar-mäßig.« Der Song hieß »Interpol«, und es spielten sämtliche relevanten Rapper der Szene mit. Damit wollte man ein Zeichen setzen und eine Solidaritätsbewegung lostreten. Und gleichzeitig sein Knast-Album ankündigen. Es hieß »415«. Benannt nach seiner Zellennummer.

Ich spielte also im Video mit und fuhr mit SSIO herum und lernte auf diese Weise jede Menge andere Rapper kennen. Farid Bang, KC Rebell. Alles gute Kerle. Alles Menschen, die zu meinen Freunden wurden.

Innerhalb von einem Abend habe ich also die komplette Szene im Schnelldurchlauf kennengelernt. Kein schlechter Einstieg.

Eine Woche später drehten wir dann das Video zu meinem Song. Es spielte, wo auch sonst, im Puff.

Zwei Wochen später, über Weihnachten, kam dann mein Song raus. Er hieß »Schwätza«.

Zu viele Schwätza machen auf Baba
Zu viele Stricher machen auf Krasser
Zu viele Pissers wollen Nutten rippen
Bitte hört auf, Deca in den Kopf zu spritzen

Ich brauchte nur noch einen Künstlernamen. Aber ich hatte schon eine Idee. Ich rief Giwar an.

»Ich will mich Kurwa nennen.«

»Wie?«

»Kurrrrrwaaa. Das ist polnisch. Nutte.«

»Du wirst dich nicht Nutte nennen!«

»Das ist vollkommen in Ordnung. Jetzt ist es eh alles raus.«

»Nee, was ist mit: Schwesta Ewa?«

Alle Jungs haben zu mir immer Schwester gesagt. In der Bude waren immer alles Brüder und ich die Schwester.

»Hm, aber Kurwa ist nicht so langweilig«, warf ich ein.

»Nein, Ewa! Wir nennen dich nicht Nutte!« Er hat mich dann Schwesta Ewa genannt. Und ab diesem Zeitpunkt war das mein Rapperinnen-Name.

»Meinst du ich kriege tausend Klicks dafür?«, fragte ich ihn noch.

Er lachte.

»Du kriegst zwanzigtausend Klicks auf YouTube.«

»Oh mein Gott, Alter, was dann?«

Aber ich glaubte es nicht so richtig. Das Video wurde über Nacht hochgeladen. Ich war extrem aufgeregt. Extrem! Ich weiß gar nicht warum, aber ich hatte panische Angst, dass ich mich irgendwie lächerlich machen würde.

Als ich es auf YouTube noch mal anschaute, stand da dreißigtausend Klicks. Wahnsinn! Dreißigtausend! Ich hatte nicht mal mit tausend Klick gerechnet. Und das schon am nächsten Tag! Ich hab das nicht gecheckt. Dreißigtausend Menschen haben das Video gesehen.

Ich rief Giwar und erzählte es ihm. Er lachte nur. »Du Behinderte! Das sind nicht dreißigtausend Klicks. Das sind dreihunderttausend Klicks!«

»Oh mein Gott!«

Am selben Abend ging ich mit Savas in eine Shishabar, um das zu feiern. Wir setzten uns an einen Tisch, als plötzlich vier Kanaken ankamen.

»Wallah, bist du nicht die Schwesta Ewa?«

Ich stand auf und machte mich kampfbereit. Wer mich in einer Bar dumm von der Seite anquatschte, wollte normalerweise Stress machen.

»Können wir Autogramm haben?«, fragte der Typ aber.

Ich stockte kurz. »Was für Autogramm?«

»Du bist doch die Rapperin?«

Ich musste mich definitiv noch an meine neue Rolle gewöhnen. Ich hatte damit gerechnet, ein bisschen mehr Puffkundschaft zu bekommen. Aber doch nicht, dass ich Jugendlichen Autogramme gebe. Aber es kamen immer mehr Leute an dem Abend auf mich zu.

Krass, dachte ich mir. Die haben alle mein Video gesehen? Was geht ab?

Ich schaute mir in der Nacht dann noch mal die Kommentare an, die unter dem Video standen. Das Like-Dislike-Verhältnis zumindest war nicht sehr ausgewogen. Es gab einen kleinen grünen Like-Balken. Und einen unnormal langen roten Dislike-Balken.

Die Resonanz auf meinen Song war einhellig. Sie war komplett negativ. Da standen nur übelste Beschimpfungen im Kommentarbereich.

»Scheißnutte, geh anschaffen, statt zu rappen.«

»Was ist das denn für eine?«

»Peinlich!«

»Wie dumm …«

»Voll schlecht.«

Ich rief Giwar an. »Maaann, das gerät hier völlig außer Kontrolle. Niemand feiert das. Alle finden es mies. Lösch den Scheiß, Alter! So war das nicht geplant.«

»Das ist das Internet«, sagte Giwar. »Da haben alle große Eier. Warte ab. Vertrau mir. Die gewöhnen sich an deinen Style.«

»Die sollen sich an gar nichts gewöhnen, Mann! Ich will doch gar keine Rapperin sein. Ich wollte nur ein Promo-Video für den Puff.«

Aber Giwar hatte recht. Die Resonanz im echten Leben war anders als im Internet. Draußen wollen sie Fotos machen und Autogramme haben, aber im Internet beleidigten mich alle. Die Waage war schief.

Draußen hieß es: »Ey, Schwesta Ewa, krass!«

Im Netz: »Du Hure, wir töten dich!«

Ich war verwirrt.

Ich schaltete den Fernseher ein und machte mich fertig für die Arbeit. Da sah ich, dass über mich berichtet wurde. Im Frühstücksfernsehen. Alter, was geht?! »Schwesta Ewa, nach nur einem Tag Deutschlands bekannteste Rapperin. Mit erstaunlich wenig Talent, erstaunlich viel Erfolg«, teaserten sie den Beitrag an.

Ich war komplett überfordert. Warum berichteten die darüber? Das sollte doch klein bleiben. Hier in Frankfurt. Nicht in irgendwelche bundesweiten Medien kommen. Nicht ins gottverdammte Fernsehen! Auch im Radio wurde berichtet. Dann rief mich Sohail an.

»Yo, Ewa, die Leute teilen deinen Clip auf Facebook.«

Ich habe nicht gewusst, dass Leute Videos auf Facebook teilen.

»Alle Hip-Hop-Portale berichten. 16bars, Hiphop.de, Backspin TV«

»Wer ist das? Ich kenne die nicht.«

»Das sind wichtige Szenemedien.«

»Mein wichtigstes Szenemedium ist kaufmich.de.«

Ich hatte keine Ahnung, was da alles abging. Wer diese Leute waren. Warum ich plötzlich interessant für sie war.

»Du brauchst eine Facebookseite.«

»Ich will keine Facebookseite!«

»Du brauchst eine Gefällt-Mir-Seite!«

»Was für eine Gefällt-Mir-Seite? Ich mach eine private Seite, das ist okay.«

»Nein, eine wo man dich liken kann. Ich richte dir das ein.«

»Mann, Sohail! Ich will gefickt und nicht geliket werden.«

Aber da war es schon zu spät. Ich ahnte schon, welche Kreise das ziehen würde. Am meisten Gedanken machte ich mir um meine Mutter und meine Brüder. Meine Brüder. Ich hatte ihnen damals verboten Deutschrap zu hören.

Ich war APTG – Anti Potato Terror Gang. Die Leute, die damals Deutschrap gehört haben, waren Typen, die mit Skateboard und Rucksack in die Schule kamen. Das waren die Opfer bei uns. Ich wollte nicht, dass Dennis und Marco so werden.

»Ihr dürft niemals Deutschrap hören. Ich schlag euch kaputt!«, sagte ich damals.

Es dauerte nicht lange, bis sie den Song auch entdeckt hatten. »Deutschrap also …«, schrieb Dennis mir eine Nachricht.

Zu der Nutten-Sache sagten sie nichts. Auch meine Mutter nicht. Wahrscheinlich haben sie es eh immer gewusst. Es war aber nie ein Thema in der Familie. Und es wurde auch jetzt keins. Niemand sprach darüber. Früher machte Ewa halt Tabledance-Immobilien-Dealer-Sonstwasgeheimes-Geschäfte. Jetzt ist sie Deutschrapperin. Die Erzählung hielt sich in der Familie.

Am Nachmittag ging ich in das Rote Haus. Vor dem Puff stand eine Schlange von Leuten, die Selfies mit mir machen wollten.

»Was ist denn hier los?«, fragten die anderen Nutten. »Den ganzen Tag über kommen Leute und fragen nach dir.«

Mir war klar, dass ich nicht mehr arbeiten konnte. Bei dem Medienwirbel gerade war das einfach nicht möglich. Ich ging in mein Zimmer, packte alle Sachen zusammen und verließ den Puff. Es war das letzte Mal, dass ich dort war.

Ich wusste nicht, was ich tun sollte. Ich musste Geld verdienen. Aber anschaffen gehen war für mich gerade unmöglich. Ich schaute mir noch mal mein Video auf YouTube an. Der rote Dislike-Balken war noch immer überdimensional groß. Ich saß vor meinem Laptop und drückte im Minutentakt auf F5, um die Seite zu aktualisieren und mir die neuesten Kommentare durchzulesen, die die Leute darunterschrieben. Es waren 99 Komma Periode 9 Prozent Beleidigungen. Nur eine einzige Person schien mich zu verteidigen. Eine Nutzerin mit dem Namen SabrinaFFM. Sie schrieb unter jeden Hasskommentar eine flammende Verteidigungsrede für mich.

Giwar war der Ansicht, dass wir jetzt reinpowern müssten. Noch mehr Songs machen. Noch mehr Videos drehen. Ein Mixtape auf den Markt werfen. »Die Leute müssen sich an dich gewöhnen«, sagte er.

Aber es funktionierte nicht. Ich wurde zwar bekannter und bekannter. Aber besser wurde es nicht.

Wir drehten ein Video. Nannten es Realität.

»Realität, Leben, Schwesta Ewa, täglich überleben«, rappte ich.

»Das ist gut, wir müssen dein Image geraderücken«, sagte Giwar.

»Welches Image? Ich bin eine Nutte, die aus dem Puff kommt und darüber rappt. Was willst du da geraderücken? So was war einfach noch nie da im Deutschrap. Da konnte man gar nichts geradebiegen.«

Ich war ziemlich bedrückt. Ich hatte nur zwei Fans. Diese SabrinaFFM aus den Kommentaren und Savas. Savas feierte dieses Rapper-Ding unnormal. Wahrscheinlich auch, weil er gut fand, dass ich nicht mehr in den Puff ging.

Eines Abends sah ich, wie er vor dem Laptop saß und etwas unter mein Video schrieb.

»Was machst du da?«, fragte ich ihn.

»Ich verteidige dich.«

»Wie, du verteidigst mich?«

»Ich verteidige dich im Internet gegen die Hasskommentare.«

Er zeigte auf den Bildschirm.

»Ich habe mir ein Fakeprofil angelegt. Damit verteidige ich dich.«

Dazu muss man wissen, das Savas sich nicht mal mit T9 auskennt. Diesem automatischen Rechtschreibprogramm, das auf Handys vorinstalliert war. Das war eine große Sache für ihn. YouTube, Facebook, das kannte er alles nicht. Er war Oldschool. Aber für mich hat er sich da reingefuchst. Hat einen halben Tag damit verbracht herauszufinden, wie man so ein Profil anlegt. Dann schaute ich genauer auf den Bildschirm.

»Moment«, sagte ich. »Du bist SabrinaFFM?«

»Ja, SabrinaFFM.«

Ich wusste nicht, ob ich aus Dankbarkeit oder Verzweiflung heulen sollte. Ich hatte den besten Mann der Welt. Aber meine Fanbase hatte sich gerade halbiert.

Mit jedem neuen Song, den ich rausbrachte, wuchs die Akzeptanz für meine Musik. Vielleicht hatte Giwar recht. Vielleicht mussten sich die Leute einfach an mich gewöhnen. Vielleicht wurde ich aber auch wirklich besser. Ich wusste es nicht, ich konnte es selber nicht einschätzen, aber ich hatte verinnerlicht, was Giwar sagte: einfach weitermachen. Weiterarbeiten. Weiter neue Songs raushauen. Sich nicht von dem irritieren lassen, was die Leute im Internet schrieben. Es war im Prinzip dieselbe Arbeitsauffassung, die ich auch damals als Nutte pflegte.

Es war eine ziemlich eklige Zeit. Ich wollte unbedingt Power machen, aber die anderen Jungs waren komplett lethargisch. Giwar war noch immer im Knast. Zwischendurch war er nicht zu erreichen, weil irgendeine Wache ihm das mühsam reingeschmuggelte Handy wieder abgenommen und ihn in Einzelhaft gesteckt hatte. Und SSIO und unser Beatproducer Maestro waren dauerbekifft. Sie lagen die ganze Zeit auf dem Sofa und erzählten davon, dass sie mir helfen werden, meine Texte zu schreiben und Beats machen würden, sobald sie wieder klarkommen. Dann drehte SSIO den nächsten Joint und tauchte mit Maestro wieder ab in seine ganz eigene Realität. Ich wusste mir nicht mehr zu helfen und schrieb Giwar sogar einen Brief in den Knast: »Hör mal zu, wenn das mit den beiden so weitergeht, überfahr ich die.«

Mein Hauptproblem waren gar nicht die Texte. Das Hauptproblem war, dass ich keine Beats hatte.

Ich schrieb wahrscheinlich jeden einzelnen Produzenten in ganz Deutschland an.

»Hey, ich bin Ewa, ich bin jetzt bei Xatars Label gesignt. Ich brauche dringend ein paar Beats. Könnt ihr helfen?«

Nichts. Niemand, wirklich niemand wollte mir etwas zu Verfügung stellen. Ich bot auch an zu bezahlen. Mehr als alle anderen Künstler zahlen würden. Ich hatte ja genug Geld.

»Nein, danke«, waren die wenig diplomatisch formulierten Antworten, die in meinem E-Mail-Fach landeten.

»Kein Interesse!«

»Lieber nicht.«

»Sorry, gerade habe ich keine Beats.«

Maaaann. Wollt ihr mich eigentlich alle verarschen, dachte ich mir. Als wäre ich so eine Ausgestoßene. Mir war ja klar, dass ich eine Quereinsteigerin war. Dass ich auf den ersten Blick vielleicht nicht das erfüllte, was sich die Hip-Hop-Community unter einer klassischen Rapperin vorstellte. Aber eigentlich war ich doch genau das. Ich war jemand von der Straße, der das Sprachrohr Deutschrap benutzte, um seine Geschichte zu erzählen. Um auf Missstände aufmerksam zu machen. Aber ich war eben kein Dealer oder Gangster. Ich war nur eine Nutte.

Um das Problem zu lösen, zog ich mir Beats von irgendwelchen halbwegs bekannten amerikanischen Künstlern aus dem Netz und ich rappte drüber. Das war natürlich nur so semilegal. Und hatte auch unangenehme Konsequenzen. Einer meiner Free-Songs, den wir ins Netz stellten, wurde von YouTube gesperrt. Nachdem er bereits sechs Millionen Klicks hatte. Da war für uns klar: Okay, wir müssen vielleicht doch ein bisschen vorsichtiger sein.

Giwar sagte immer, wir müssen die Beats von Leuten nehmen, die nicht ganz so bekannt waren – damit es nicht rauskommt. Als das Mixtape fertig war, entschieden wir uns dafür, es nicht digital auf den Markt zu bringen. Es war nur als CD zu erwerben. Zu groß war die Gefahr, dass wir irgendwelche schlafenden Hunde wecken würden. Ich nannte das Tape »Realität«. Denn darum ging es. Um meine Realität. Es erschien am 5. Oktober 2012.

Nachdem »Realität« auf den Markt kam, zogen wir Bilanz. Die Reaktionen waren beschissen. Die Musikmagazine berichteten über das Tape, fanden es aber scheiße. Das Feedback war eindeutig. Texte: schlecht. Flow: miserabel. Beats: geklaut. Die Reaktionen von den Hörern waren immerhin okay. Ich hatte eine kleine Fanbase, die hat das schon gefeiert. Aber die Balken auf YouTube waren noch immer Laserschwerter. Komplett rot. Nur der Griff war grün.

Und so wirklich Geld verdiente ich mit der Musik nicht. Was am Ende übrig blieb, war nicht annähernd das, was ich in einem Monat auf dem Strich machte. Ich wusste, was das bedeutete. Ich konnte noch nicht aussteigen. Ich musste mein Escort-Business weiterlaufen lassen.

Ein paar Monate nach meinem Tape brachte auch SSIO ein Tape auf den Markt. »Spezial Material«. Im Gegensatz zu mir bekam er wirklich sehr gute Resonanzen. Die Leute feierten ihn brutal. In dem Moment checkte er wahrscheinlich zum ersten Mal, was ihm alle aus unserer Crew schon tausend Mal zuvor gesagt haben: dass er ein verdammt begabter Rapper ist, der das Talent hat, es an die Spitze zu schaffen. Ganz nach oben.

Es schien so, als hätte SSIO diesen Beifall von außen gebraucht. Er war von nun an ein anderer Mensch. Er steigerte sich richtig rein. Die Hänger-Attitüde legte er ab. Von nun an war er jeden Tag im Studio und arbeitete, arbeitete, arbeitete. Ein richtiger Perfektionist. SSIO wurde zu seinem eigenen Zuhälter im Rap. Er musste eine Line hundertmal machen, bis die perfekt saß, dann kam die nächste. Dann wurde die Line davor wieder geändert. Hätte er doch sein Erweckungserlebnis ein paar Monate vorher gehabt, dann würden die Leute mich nur halb so sehr hassen.

»Ach was«, sagte er. »Die Leute hätten dich trotzdem gehasst, auch wenn ich dir dein Album komplett alleine geschrieben hätte. Aber warte ab, so wie sie dich jetzt hassen, werden sie dich eines Tages lieben.«

Und er hatte recht. Je mehr Songs ich rausbrachte, desto mehr veränderte sich die Stimmung. Von Monat zu Monat wurde mein Like-Dislike-Verhältnis immer besser. Und irgendwann hatte ich die Trendwende geschafft und der grüne Balken unter meinen Videos war größer als der rote. Und irgendwann nahm man mich als Rapperin auch wirklich ernst. Wahnsinn.

Dieses Rapper-Ding entwickelte sich wirklich unglaublich, aber das dieses Rapper-Ding spülte kaum Geld in meine Kasse. Ich rechnete alles durch. Ich würde mit der Musik in einem Jahr das verdienen, was ich nach einer Woche Puff machte. Wenn es wirklich gut lief. So konnte ich nicht leben. So konnte ich nicht meinen Standard halten. So konnte ich meine Familie nicht durchbringen. So konnte ich nicht in die Zukunft gehen. Giwar hatte recht: Es war nicht immer einfach, mit 200 Sachen auf einer Straße noch die Kurve zu bekommen. Aber die Lösung konnte es doch auch nicht sein, mit 200 Sachen auf einer Autobahn eine Vollbremsung hinzulegen. Ich musste einen anderen Weg finden. Die Musik reichte nicht aus. Aber Anschaffen war auch nicht mehr drin. Aber was sollte ich sonst tun? Was anderes als anschaffen konnte ich nicht. Ich hatte nichts gelernt. Ich hatte nur gelernt eine Hure zu sein. Ich war in einer Zwickmühle. Es machte mich verrückt. Über Tage hinweg lag ich schlaflos im Bett und überlegte mir einen Plan. Und dann kam mir eine Idee. Ich könnte ja in dem Business bleiben, das ich beherrschte. Aber statt die Hosen auszuziehen, könnte ich sie einfach anlassen. Im Hintergrund arbeiten. Eine Escort-Agentur führen. Statt Hure zu sein, könnte ich Huren für mich laufen lassen. Ich hatte schon vorher immer mal ein oder zwei Mädels gehabt, die für mich anschaffen gingen. Das ergab sich damals ganz organisch. Da kamen junge Nutten, die mit dem Geschäft anfingen und bei denen es nicht lief. Dann sahen sie mich. Sahen, dass ich unnormal teure Designerklamotten trug und einen teuren Wagen vor der Tür stehen hatte. Und dann wollten sie, dass ich ihnen helfe. Sie manage. Ihnen Aufträge verschaffen, und zwar Aufträge, bei denen sie mehr verdienten als bisher. Dafür boten sie an, mir einen Teil ihrer Einnahmen abzugeben. Ich nannte es Management. Die Staatsanwaltschaft später Zuhälterei. Ich sah in diesem Geschäft moralisch nichts Verwerfliches. Außer dass ich mir vornahm, mein Gewerbe nicht anzumelden und die anfälligen Steuern für mich zu behalten. Ich versteuerte ja schon meine Musik, dachte ich mir. Soll der Staat mir doch auch ein bisschen was lassen.

Als Schwesta Ewa die Bühne betrat, ergab sich die Möglichkeit, alles auf einem ganz anderen Level zu betreiben. Ich bekam täglich gefühlt eine Million Nachrichten von Mädchen, die für mich anschaffen wollten.

Die unbedingt Nutten werden wollten. Ich schämte mich ein bisschen, dass ich einen so schlechten Einfluss auf die Menschen hatte. Auf der anderen Seite berichtete ich in meinen Songs ja ehrlich über die Schattenseiten des Milieus. Ich glorifizierte nichts. Aber ich verstand, dass es Mädchen gab, die ihr Geld durch Sex verdienen wollten. Ich wollte es ja damals auch. Ich konnte keiner jungen Frau dazu raten, Nutte zu werden, aber ich konnte es auch niemandem verübeln, sich für diesen Weg zu entscheiden. Meine Schwesta-Ewa-Videos sollten ursprünglich Kunden für mich generieren. Jetzt generierten sie Nutten.

Ich checkte die Anfragen, schaute mir die Mädchen an und lud sie dann zu mir ein. Ich war ja auch eine anstrengende Frau und ich wusste, dass nicht jeder mit mir klarkam. Also haben wir möglichst viel Zeit miteinander verbracht, um uns kennenzulernen. Um zu sehen, ob wir miteinander konnten. Wir sind zusammen rausgegangen, haben Party gemacht, rumgehangen oder einfach nur zu Hause gechillt. Dann hab ich gecheckt, was passt und was nicht. Bei vielen hab ich direkt »Nein« gesagt. Es wäre nicht gut gegangen.

Wenn das Mädchen aber stabil genug war, wenn ich gemerkt habe, die kann psychisch mit dieser Nutten-Sache umgehen, sagte ich »Komm, wir probieren es.«

Mich habe wirklich Tausende Frauen angeschrieben, die vorher noch nie anschaffen waren. »Ich möchte unbedingt Nutte werden«, schrieben sie. Aber ich habe nur Frauen genommen, die schon gearbeitet haben. Da musste ich nicht so viel erklären. Außerdem konnte ich es nicht wirklich verantworten, jemanden neu in diese Scheiße reinzuziehen, aus der nicht mal ich wieder rauskam. Ich ließ es anlaufen. Und mein Ausstieg aus dem Rotlicht wurde mein Einstieg in den Knast. Nur wusste ich das damals noch nicht.

Und plötzlich war ich Zuhälterin. Das war der heftigste Job meines Lebens. Es war Organisationsarbeit des Todes. Unsere Masche war effektiv, aber anstrengend. Ich hatte eine Handvoll Mädchen, die ich alle auf den unterschiedlichsten Webseiten anbot. Und zwar mehrfach. Zum Beispiel Anja. Eigentlich war Anja ein normales deutsches Mädchen. Neunzehn Jahre alt, blond, schlank, hübsch. Für Anja legte ich auf den Hurenseiten aber fünfzehn verschiedene Profile an. Machte aus ihr fünfzehn verschiedene Nutten. Einmal war Anja die mysteriöse Aylin, das iranische Tausendundeine-Nacht-Girl. Mal war sie die polnische Studentin Anya. Mal das süddeutsche Dirndl-Girl Heidi. Mal die freche russische Göre Victoria. Und mal die türkische Aysche. Für jeden Geschmack war etwas dabei. Für jedes Profil machten wir andere Profilfotos, benutzten andere Perücken, dachten uns einen anderen kleinen Text, eine andere Hintergrundgeschichte aus. So konnte ich Anja maximal verwerten.

Das war der totale Aufwand. Weil ich selber aufpassen musste, dass ich uns nicht verriet. Ich musste mir nach jedem Anruf, die letzten drei Ziffern einer Telefonnummer merken, weil ein Freier ja in der Regel nicht nur bei einer Nutte anruft, die er im Netz findet, sondern gleich bei mehreren, um für sich die besten Konditionen auszuhandeln. Wenn also Klaus-Eberhart erst für Aysche und ein paar Minuten später für Victoria anrief, musste ich am Telefon auch zwei verschiedene Personen darstellen. Denn mein Job war es, die Aufträge alle zu koordinieren. Ich hatte in dieser Zeit zwölf Handys, die alle gleichzeitig klingelten. Freier! Die versuchten immer das Günstigste rauszuholen. Oder wollten zumindest schauen, welche Frau ihnen am sympathischsten war. Es gab Typen, die riefen wirklich fünf, sechs, sieben Mal an. Und auch sie fielen auf unsere Fake-Persönlichkeiten rein. Es war ein Katz-und-Maus-Spiel. Ich schaffte es gut vier bis fünf Mal, die Stimme für eine Person zu verstellen. Spätestens beim sechsten Anruf ging ich dann nicht mehr dran. Ich rief zwei Stunden später zurück, bis dahin hatte er meine Stimme wieder vergessen. Oder ich wurde einfach unhöflich und legte auf.

Ich musste auch die Besuche koordinieren. Mir war wichtig, dass die Mädchen nie alleine irgendwo hingehen. Ich wartete immer unten vor der Tür. Wenn etwas passierte, wenn sie nicht rechtzeitig rauskamen oder wenn sie mir ein Zeichen gaben, kam ich hoch und konnte helfen. Ich war zwar kein Zwei-Meter-Mann mit Rockerclub-Kutte, aber verdammt, ich konnte zuschlagen.

Wir waren in dieser Zeit ständig auf Tour. In jedem Monat vier oder fünf Städte. Die erste Reise, die wir machten, führte uns nach Köln. Ich nahm Anja und Kira mit. In Köln hatten wir uns über den Tag verteilt sechs Termine organisiert. Sechs Freier. Die anderen Mädchen hatten an dem Tag frei und blieben in Frankfurt. Dort hatte ich mehrere Wohnungen für sie angemietet. Wir saßen also in meinem schwarzen BMW, ich fuhr durch die Kölner Innenstadt und nahm gleichzeitig mit verstellter Stimme Telefonate entgegen. Ich hatte mir extra einen kleinen Karton gebaut, der perfekt auf die Mittelkonsole von meinem Auto passte und in dem alle Handys nebeneinander aufgereiht lagen.

»Allo? Ja, wer ist da? Genau, hier ist Victoria. Kein Problem. Können mach Termin. Sagen wo. Gut. Preis ist zweihundert. Ich kommen.«

Ein paar Sekunden später war ich dann die naive Leonie, Studentin, frisch von Bayern nach Köln gezogen. »Hallo? Ja, wir können einen Termin machen, klar. Aber ich habe noch nicht so viel Erfahrung mit so was. Wirklich? Hihi, okay. Ja, das klingt toll. Der Preis ist dreihundert, okay? Suuuper. Ich freue mich. Bin schon aufgeregt. Danke. Tschüss.«

»Boah, Ewa«, sagte Anja. »Irgendwann wirst du mal schizophren oder so. Ich habe da mal eine Doku drüber gesehen. Das sind so Menschen, die irgendwann gar nicht mehr wissen, wer sie sind.«

»Jaja, konzentrier dich lieber und notier die Adressen, die ich dir gebe«, sagte ich und wühlte noch einmal in der Sporttasche rum, um sicherzugehen, dass ich auch wirklich alle Perücken für alle nötigen Rollen dabeihatte.

Ich mit fünfzehn verschiedenen Stimmen, fünfzehn verschiedenen Preisen, fünfzehn verschiedenen Herangehensweisen, wie ich mit den Leuten telefoniere, beschäftigt, damit die nicht checken, dass es nur eine Telefonistin ist. Das war wirklich hart und nervenaufreibend. Und ich hatte wirklich manchmal das Gefühl, dass ich kurz davor war, schizophren zu werden. Insgeheim hätte ich an einigen Tagen gerne mit den Mädchen getauscht. Sollten sie doch die Telefonarbeit machen und ich übernehme die Kundenbesuche. Das war um ein Vielfaches einfacher.

Die Orga-Arbeit war Tetrisspielen im Ultraschwer-Modus. Die Nutten-Arbeit war bloß anschaffen.

Aber die Nummer ist auch immer mal wieder aufgeflogen. Es gab Freier, die heute zu Victoria und morgen zu Aylin wollten. Und erst dann merkten: Verdammt, das ist ja das gleiche Mädchen. Nur mit einer anderen Perücke.

»Ich war doch gestern bei dir?«, fragten sie dann meistens.

»Ja – und es war geil, Schatzi. Also komm wieder rein.«

Meine Mädchen wussten schon, wie sie mit den Kerlen umzugehen hatten.

Oft mieteten wir uns ein Hotel und empfingen dort die Männer der Reihe nach. In Köln kam es zu einer Situation, in der der Freier zu früh kam.

»Scheiße«, fluchte ich. Ich kam aus dem Zimmer nicht mehr raus. Ich schaute mich um. Wir waren im achten Stock. Ich konnte nicht aus dem Fenster klettern. Ich könnte einfach an ihm vorbei aus der Tür gehen, aber wenn er erkannte, wer ich war … nein, das Risiko war mir viel zu hoch. Ich schaute mich um, wo ich mich verstecken konnte. Da war nichts. Scheiße, scheiße, scheiße. Der Typ klopfte schon wieder.

»Hallo?«, rief er.

»Ja, ja, Schatzi, ich komme gleich!«

Anja, die heute Aysche war, gab mir ein Zeichen, dass ich mich einfach auf den Boden legen sollte. Dann nahm sie ein paar Decken von dem Bett und schmiss sie über mich. Ich versteckte mich unter den Laken. Ekelhaft. Ich bekam kaum Luft.

»Hey Süßer, schön, dass du da bist«, hörte ich Anja, die Aysche war, ihren Freier begrüßen. »Sorry für die Unordnung mit den Laken hier und so, aber ich bin eine ganz Wilde, weißt du?«

Ich zog mein Handy aus der Jeans und versuchte, die Zeit unter der Decke halbwegs sinnvoll zu nutzen und noch ein paar Termine zu koordinieren.

»Ey!«, hörte ich plötzlich den Typen sagen. »Ich glaube, die Decke hat sich bewegt.«

Scheiße.

»Waas? Quatsch. Du bist ja verrückt. Konzentrier dich mal nicht so auf die Decke, sondern fick mich mal lieber«, sagte Anja und lenkte ihn so wieder ein wenig ab. Als ich das Gefühl hatte, dass der Kerl komplett mit meiner Nutte beschäftigt war, machte ich mir einen Spaß draus, die Decke halb runterzuziehen und Faxen hinter seinem Rücken zu machen.

Anja musste lachen.

»Warum lachst du?«, fragte der Kerl verunsichert.

»Ach, Schatzi, ich lache immer, wenn ich besonders erregt bin. Fick weiter jetzt.«

Das Problem war, dass wir dermaßen eng getaktet waren, dass schon der nächste Kunde vor der Lobby gewartet hatte. Ich kam nicht mehr raus aus diesem Zimmer. So blieb ich den halben Tag unter der Decke. So was passierte öfter. Gelegentlich wurde ich sogar wirklich erwischt. Aber wir hatten immer eine gute Ausrede parat. Wir erzählten dann mit traurigen Gesichtern, dass einer Freundin von uns neulich erst etwas ganz Schlimmes passiert wäre. Also hätten wir Angst alleine zu arbeiten. Das war meistens okay für die Leute.

Mir war es wichtig, dass ich immer in der Nähe meiner Mädchen war. Denn es gab genug Situationen, in denen ich eingreifen musste. Wie bei der Sache mit dem Salafisten. Ich saß unten in meinem Auto, organisierte meine Sachen und bekam plötzlich einen Anruf von Leyla. Sie war gemeinsam mit einer zweiten Nutte oben beim Freier.

»Komm schnell«, schrie sie ins Telefon. »Der Typ will uns ohne Gummi ficken!«

Ich war sofort auf hundertachtzig. Ohne Gummi ficken geht gar nicht. Ein absolutes No-Go. Ich stieg aus dem Wagen und rannte so schnell ich konnte zu dem Hotelzimmer. Den mache ich kalt, sprach ich mir selber zu. Ich pushte mich. Den mache ich so was von kalt, wiederholte ich immer und immer wieder, während ich die Treppen hochsprintete. Ich war mega aggro und klopfte so hart ich konnte gegen die Hotelzimmertür.

»Mach auf, du gottverdammter Hurensohn!«, schrie ich. »Ich ficke deine verdammte Mutter!« Es dauerte zwei Sekunden, da riss tatsächlich ein Mann die Tür auf. Vor mir stand ein Zwei-Meter-Koloss mit einem Bart, der so lang war, dass er ihm bis zur Brust reichte. So ein übelster Salafist. Er war vollkommen nackt und schrie mich mit weit aufgerissenen Augen auf Arabisch an. Ich wusste nicht, was ich tun sollte. Fuck. Damit hatte ich nicht gerechnet. Ich dachte eine Sekunde nach und fing dann auch an zu schreien. Auf Polnisch.

Ich fuchtelte mit meinen Händen herum. Wenn er dachte, dass ich noch verrückter sei als er, würde er vielleicht Angst oder zumindest Respekt bekommen. Auf dem Flur öffneten sich einige Türen. Die Leute schauten, was da abging, aber ich ließ mich nicht beeindrucken und beleidigte ihn weiter in meiner Muttersprache. Nur: Er ließ sich auch nicht beeindrucken. Statt klein beizugeben schrie er nur noch lauter und dabei spuckte er mir noch ins Gesicht. Widerlich! Wer weiß, was er für Krankheiten hatte, Hepatitis überträgt sich ja auch über den Speichel. Ganz instinktiv gab ich ihm angewidert einen Kinnhaken. Straight von unten. Ich war ja gerade mal halb so groß wie der Salafisten-Koloss. Aber offenbar traf ich die richtige Stelle. Er kippte um. Einfach so.

»Kommt, raus hier!«, sagte ich zu meinen Mädels und wir verließen zusammen fluchtartig das Hotel.

Savas und ich überlegten uns, das Geld, dass wir verdienten, irgendwie klug zu investieren. Wir saßen nächtelang zusammen und zerbrachen uns den Kopf darüber. Was könnten wir bloß machen? Irgendwann kam ich auf die Idee eine Bar zu eröffnen.

»Eine Bar?«

»Ja, warum denn nicht? Eine Bar. Direkt im Rotlichtviertel. Aber alles legal. Keine krummen Geschäfte.«

»Ich weiß nicht, ich weiß gar nicht, wie das Bargeschäft läuft«, überlegte mein Mann.

»Aber ich weiß es. Vertrau mir. Dieses Kneipending liegt mir irgendwie im Blut.«

Ich sah das auch als eine Chance. Als eine Chance umzuschwenken. Auf ein ganz legales Geschäft. Die Musik und die Bar. Das waren doch zwei gute Standbeine. Die Bar sollte mit dem Rotlicht nichts mehr zu tun haben, auch wenn sie mitten im Rotlichtviertel lag. Wir hatten eine tolle Location gefunden. Direkt neben dem Laufhaus, das Savas gehörte. In der Frankfurter Stadtmitte. Der Raum war klein und sauber. Ich sah Potenzial. Also mieteten wir den Laden. Er lag direkt in der Stoltzestraße. Also nannten wir die Bar die »Stoltze Bar«. Das gefiel mir. Es klang selbstbewusst. Es hatte Stil. Ich inserierte ein Stellengesuch. Ich brauchte Kellnerinnen. Aber das war gar nicht so einfach, denn bei mir haben sich nur Nutten gemeldet. Die Vorstellungsgepräche waren eine Katastrophe. Es war wahnsinnig schwer, den Mädchen zu erklären, dass ich aber keine Nutten wollte.

Da kam zum Beispiel Natalie. Achtzehn Jahre alt. Blondiert. Der Rock kürzer als ihre schon sehr kurze Aufmerksamkeitsspanne.

Ich erklärte ihr im Detail, was sie zu tun hatte. Wie alles funktionierte. Getränke ausschenken. Bar putzen. Gäste bedienen.

»Und wo kann ich dann ficken?«, fragte sie mich.

»Was ficken? Ich suche eine Kellnerin.«

»Keine Sorge, ich habe schon einmal als Nutte gearbeitet. Ich weiß, wie das läuft.«

»Nein, nein nein! Kellnerinnen! Sieben Euro die Stunde! Über so was rede ich hier.«

Sie verstand es nicht.

»Ich kann doch kellnern und ficken?«

»Nein, nein, nein! Keine semilegalen Sachen hier. Ich will Servicekräfte. Ihr werdet normal bezahlt. Alles wird versteuert«, fuhr ich die Nutte an, die Kellnerin sein wollte.

Nathalie zuckte nur mit den Schultern. Es war wirklich jede Menge Arbeit.

Aber irgendwie habe ich es geschafft, ein paar Frauen anzustellen, die zwar wirklich alle Prostituierte waren, aber sich bereit erklärt hatten, sich zu Kellnerinnen umkrempeln zu lassen. Trotzdem musste ich Aufpasserin spielen. Ich hatte mein ganzes Herz in die Bar gesteckt. Ich war jeden Tag da. Immer bereit einzugreifen. Sobald ich gemerkt habe, eine der Kellnerin kann nicht bis zwei zählen, habe ich ihr Nachhilfe gegeben. Darauf zu achten, dass die Aschenbecher nicht voll sein dürfen, die Nussschälchen nicht leer sein dürfen.

»Schau hier«, schrie ich die Mädchen an. »Der Tisch klebt, das Glas von dem Kunden ist leer, kein Schwein wird gefragt, ob er was trinken will: weg von der Bar!«

Dann machte ich es lieber alleine.

Es dauerte ein Jahr, bis sich alles eingespielt hatte.

Als ich den Laden mit gutem Gewissen den Mädchen überlassen konnte, ging ich mit SSIO auf Tour. Ich war zwei Wochen unterwegs. In dieser Zeit kam Janina in die Bar. Janina war eine Nutte. Aber alle nannten sie nur den »sterbenden Schwan«. Janina kam jeden Abend und jeden Abend fragte sie nach mir. Sie sei mein größter Fan, sagte sie. Und sie wolle unbedingt für mich arbeiten. Irgendwann wurde sie so aufdringlich, dass meine Ehemals-Nutten-heute-Kellnerinnen mir schon Nachrichten schickten.

»Hey Ewa, dieses Mädchen ist jedes Mal da. Und die macht immer total das Drama. So voll die Schauspielerin.«

Ich hatte gerade keinen Kopf dafür. Ich hatte mein Nutten-Business am laufen. Ich hatte mein Bar-Business am laufen und ich war gerade auf Tour. Ich hasste es, auf Tour zu sein. Ich hasste es, vor Menschen aufzutreten. SSIO war da ganz anders. Er liebte es. Er rannte auf die Stage und zog leidenschaftlich seine Show ab.

Ich hingegen musste gezwungen werden, überhaupt auf die Bühne zu treten, so schüchtern war ich. Und jetzt lief bei mir in Frankfurt irgend so eine Schauspielerin auf, die mich unbedingt sehen wollte? Ich hatte da gerade echt keinen Kopf für.

»Schickt sie weg. Oder klärt das unter euch«, schrieb ich zurück.

Dann hörte ich nichts mehr von ihr. Die Tour lief ganz gut. Wenn ich darüber nachdachte, wie ich noch vor zwei Jahren im Internet die Hassfigur schlechthin war, war es schon erstaunlich, wie ich hier gefeiert wurde. Die Leute im Publikum gingen richtig ab. Sie konnten sogar meine Texte auswendig. Wahnsinn.

Aber ich war auch froh, dass die Tour irgendwann vorbei war. Ich kam nach Hause und schaute als Erstes in meiner Bar nach dem Rechten. Und da war sie. Janina. Sie saß an der Theke und unterhielt sich mit den beiden Kellnerinnen, als wären sie beste Freunde.

»Heeey Ewa«, sagte Jacqueline. »Schön, dass du wieder da bist.«

Ich schaute mich um. Aschenbecher leer. Nussschalen voll. Tische sauber. Alles gut. Die Mädchen hatten nichts verlernt.

»Was geht ab?«, fragte ich.

»Schau mal, das ist Janina«, stellte meine Kellnerin mir das Mädchen vor. Janina war klein, hatte lange rote Haare und war etwas pummelig.

»Oh mein Gott«, sagte sie. »Endlich lerne ich dich kennen, du bist mein großes Vorbild.«

Jetzt wusste ich, warum die Mädchen sie den sterbenden Schwan nannten. Janina war ein klein wenig exzentrisch. Große Gesten, laute Worte. Man merkte sofort, dass sie gerne im Mittelpunkt stand. Und ich kannte sie gerade mal zehn Sekunden. Sie wischte sich ein paar nicht vorhandene Tränen weg, als ich ihr die Hand gab.

»Ey, was geht?«

»Janina ist jetzt eine von uns«, sagte Jacqueline.

Man merkte gleich, dass sie sich schon ziemlich gut angefreundet hatten.

»Sie hat sogar einmal bei uns in der Wohnung geschlafen. Und ist die ganze Zeit mit uns feiern gewesen.«

»Okay«, sagte ich und schaute meine Servicekraft skeptisch an. Ich hatte ja grundsätzlich nichts dagegen, wenn sie Leute mit nach Hause nahmen. Aber Janina wirkte auf mich eher wie so ein Fangirl.

Sie lächelte mich an. »Oh«, sagte sie dann auf einmal, griff nach der Packung mit den Nüssen und lief zu einem der Tische, an dem drei Gäste saßen, und füllte dort das kleine Glasschälchen auf.

»Ey, arbeitet die jetzt hier?«, fragte ich Jacqueline.

»Nee, die chillt nur mit uns und hilft ein bisschen mit.«

»Sie hat ein gutes Auge«, sagte ich und schloss Janina von diesem Moment an ins Herz. Wir hatten vor, am Abend feiern zu gehen, und ich fragte sie, ob sie nicht Lust hätte mitzukommen.

Es wurde ein wilder Abend, ein langer Abend, ein sehr alkoholreicher Abend. Janina konnte mithalten. Sie musste sich zwar immer ein bisschen in den Vordergrund spielen, beim Tanzen immer ein wenig mehr abgehen als wir, aber so war sie halt. Ich verbuchte das unter merkwürdige Eigenart und gut. Merkwürdige Eigenarten hatten wir alle.

Nach unserer gemeinsamen Partynacht war Janina ein paar Tage weg. Sie kam nicht mehr in die Bar.

»Ich mache mir voll Sorgen«, sagte eines meiner Mädchen. »Die ist sonst jeden Tag da.«

»Vielleicht hatte sie ein paar Wodka zu viel und muss sich etwas ausruhen«, gab ich zu bedenken.

»Nee, die verträgt schon was. Sie geht auch nicht mehr an ihr Handy.«

Zwei Tage später war Janina wieder da. Sie kam in die Bar und sah schrecklich aus. Der ganze Hals war voll mit Würgemalen.

»Kind, was ist dir passiert?«, fragte ich.

Sie schluchzte. »Ein Freier«, sagte sie. Dann erzählte sie die Geschichte von einem Kerl, der sie gebucht hatte. Als sie in seine Wohnung kam, schloss er die Tür ab und vergewaltigte sie mehrfach. »Ich habe mich gewehrt, aber er hat immer wieder zugeschlagen. Es war so brutal. Ich dachte ich sterbe.«

Das Mädchen tat mir übertrieben leid. Ich kannte das ja. Ich hatte das selber alles gründlich durch. Ich war sauer.

»Komm«, sagte ich. »Lass uns das öffentlich machen.«

Ich fotografierte ihre Würgemale und postete das Bild auf meine Facebook-Like-Seite, die mir Sohail damals eingerichtet hatte. Mittlerweile hatte ich dort knapp eine halbe Million Follower. Ich schrieb einen langen Text dazu, um auf die Gewalt aufmerksam zu machen, die Prostituierte täglich erleben müssen.

Die Debatte ging ziemlich ab. Alle diskutierten mit. Ich verfolgte die Kommentare. Bei einem wurde ich kurz stutzig.

»Da ist auf der weißen Bluse dieselbe Farbe wie auf dem Hals«, schrieb jemand. Ich schaute mir das Bild noch einmal an. Er hatte recht. Aber so ein Fleck konnte alles sein: Make-up, Schminke, Lippenstift. Keine Ahnung. Ich ignorierte das.

Eine Woche später kam Janina mit einem blauen Auge in die Bar. Einen Monat später schon wieder. Merkwürdig. Ich wusste ja aus eigener Erfahrung, dass es in dem Business hart zugeht. Aber so hart, wie es Janina immer und immer wieder traf – das war schon einmalig.

Irgendwas musste sie falsch machen. Ich meine, ich hab die Leute ja schon brutalstmöglich abgezogen und nicht annähernd so viel abbekommen wie sie. Noch einen Monat später kam sie mit einem verbrannten Arm in die Bar.

»Das war mein Exfreund«, weinte sie. »Der will, dass ich noch mehr anschaffen gehe. Er zwingt mich. Wir haben uns gestritten. Gekämpft. Dann hat er mein Glätteisen genommen und das hier gemacht.«

Sie zeigte ihren Arm. Zum ersten Mal war ich wirklich skeptisch. Ich war keine Expertin, aber ich schaute mir superoft diese Serie im Fernsehen an. Medical Detectives. Gerichtsmediziner bei der Arbeit. Die Verbrennungen, die sie hatte, waren ganz gerade. Beinahe parallel zueinander. So was konnte in dieser Form nicht während eines Kampfes passieren. Aber ich wollte ihr auch nicht unterstellen, dass sie log.

»Kann ich nicht für dich arbeiten?«, fragte sie mich dann. »Ich brauche einfach jemanden, der auf mich aufpasst.«

Ich hatte ein ungutes Gefühl. In meinem Kopf setzte ich alle Puzzleteile zusammen: Ihr Fan-Verhalten, ihre Schauspielerart, der sterbende

Schwan, die auffällig häufigen Verletzungen, die Farbspuren auf ihrer weißen Bluse – aber niemand wusste so gut wie ich, wie hart das Leben einen Menschen ficken kann. Und ich wollte dieses Mädchen nicht wegstoßen. Nicht in dieser Situation.

Ich erklärte ihr, dass sie nicht in mein Raster passte. Ich arbeitete nur mit schlanken Frauen zusammen. Und der Hauptgrund: Ich hielt sie für zu labil. Aber ich sagte ihr, dass ich sie bei uns aufnehme. Dass sie bei uns wohnen kann. Ich wollte mich um sie kümmern. Ich merkte, dass das Mädchen psychische Probleme hatte. Sie war nicht ganz glücklich, aber sie stimmte zu.

Und noch am selben Abend zog sie bei uns ein. Sie hing also bei uns rum, suchte sich aber ihre eigenen Kunden. Die meiste Zeit arbeitete sie in Massagesalons. Das ging ein paar Monate lang gut. Dann wollte sie eine eigene Wohnung haben. Ich bezahlte sie ihr und sie zog weg von uns. Doch in ihrer Wohnung fühlte sie sich sehr einsam. Also wollte sie eine eigene Schlange haben.

»Was willst du denn mit einer Schlange?«, fragte ich.

»Es wäre einfach schön, wenn ich da jemanden hätte. Ich bin so alleine«

»Eine Schlange?«

»Ja, die kann mich auch beschützen.«

Ich verdrehte die Augen. Janina wirkte auf mich immer irgendwie wie ein kleines Kind. Und ich war so etwas wie ihre Mutter. Aber ich hatte auch das Gefühl, ich müsste für sie Verantwortung übernehmen. Das Mädchen hatte echt Probleme.

»Ja, okay. Dann finde eine Schlange und ich kaufe sie dir.«

»Ich habe schon eine gefunden. Im Internet.«

Wir stiegen also in mein Auto, fuhren dreihundert Kilometer nach Aachen und holten dort ihre Schlange ab, die sie sich bei eBay-Kleinanzeigen klargemacht hatte. Am Tag davor war ich noch mit ihr in der Tierhandlung gewesen und wir hatten ein riesiges Terrarium gekauft, was wir gemeinsam einrichteten, damit es der Schlange auch gut ging. Tausendfünfhundert Euro kostete der ganze Spaß zusammen. Aber gut.

Wenn sie sich dann nicht mehr so alleine fühlte, soll es mir das wert gewesen sein.

Als wir das Ding holten, freute sich Janina wie verrückt. Sie hielt die Schlange die ganze Zeit in ihren Armen. Irgendwann schlief sie ein. Und die Schlange fing an, sich aus Janinas Griff zu befreien. Sie schlängelte sich in den Fußraum des Autos.

»Ey, verdammte Scheiße!«, schrie ich. »Wach auf! Die Schlange! Verdammt noch mal, halt sie fest!«

Doch da war es schon zu spät. Die Schlange war in irgendein Loch verschwunden und lebte von diesem Tag an im Inneren meines Autos. Ich versuchte alles, sie dort rauszubekommen. Vergeblich. Man kam nicht ran. Ich ging sogar zu einer Werkstatt, dort hieß es aber, man müsste das ganze Auto durchsägen, um in den kleinen Hohlraum reinzukommen, in dem die Schlange sich verschanzt hatte. Ich konnte es nicht fassen. Ich schrie Janina an. »Mann! Wegen dir wohnt jetzt eine verdammte Python in meinem Auto! Willst du mich eigentlich verarschen?« Ich war wirklich stinksauer.

Die arme Schlange. Acht Wochen lang lebte sie noch in meinem Auto. Immer wenn ich gefahren bin, hab ich extra meine Heizung angemacht, damit sie ein bisschen Wärme bekommt. Ab und zu habe ich eine Maus in das Auto gelegt. In der Hoffnung, dass die Schlange dann rauskommt. Aber sie kam nicht. Ich habe die Maus dann in die Öffnung reingestopft in der die Schlange ist. Damit sie was zu fressen hat. Es half alles nichts. Nach acht Wochen starb sie. Der Gestank war bestialisch. Ich konnte das Auto seit diesem Tag nicht mehr benutzen. Ich war stinksauer auf das Mädchen. Und beachtete sie von diesem Tag an nicht mehr so wie vorher.

Die Geschichte mit der Schlange und mein Liebesentzug hatten Janina den Rest gegeben. Sie bekam eine Panikattacke. Sie war sowieso schon auf Tabletten gewesen. Auf Antidepressiva. Und wahrscheinlich auch auf allen möglichen anderen Drogen, von denen ich nichts wusste.

Nach einem Monat kam sie wieder zu mir in die Bar. »Ewa, ich muss mit dir reden. Ich habe was Dummes gemacht.«

Ich verdrehte mal wieder die Augen. Wenn ich jedes Mal einen Euro bekommen würde, wenn eine Nutte mit diesem Satz zu mir kam.

»Nein, wirklich, was sehr, sehr Dummes.«

Wir setzten uns an einen der Tische, ich öffnete eine Dose Red Bull und hörte ihr zu.

»Du weißt doch noch, die Geschichte mit der Schlange?«

»Wie könnte ich das vergessen, Janina? Die hat wochenlang in meinem Auto gelebt!«

»Ich bin nach der Nummer ein bisschen durchgedreht.«

»Was heißt … durchgedreht?«

»Ich weiß auch nicht. Ich hatte Panik. War nicht mehr klar im Kopf. Ich habe mir ein blaues Auge geschminkt, bin zur Polizei gegangen und habe denen gesagt, dass du mich geschlagen hast.«

Ich war kurz davor, ihr jetzt wirklich eine zu brettern. Aber ich versuchte ruhig zu bleiben.

»Du hast dir ein blaues Auge geschminkt, ja? Hast du das schon mal gemacht?«

Sie schaute auf den Boden. »Ja«, sagte sie kleinlaut.

Verdammt, dachte ich. Dieses Mädchen war wirklich krank. Sie war so besessen davon, Aufmerksamkeit zu kriegen … sie hätte verdammt noch mal Maskenbildnerin werden sollen.

»Ich habe mir so Schminktutorials bei YouTube angeschaut«, sagte sie leicht stolz. »Aber Ewa, es tut mir leid. Ich werde jetzt zur Polizei gehen und alles zurücknehmen. Ich werde sagen, dass ich durchgedreht bin.«

Da sich die Polizei bei mir eh noch nicht gemeldet hatte, bin ich davon ausgegangen, dass man ihr eh nicht glaubte. Sonst hätte ich doch sicher schon längst was gehört.

Was ich allerdings nicht wusste: Janina hatte bei der Polizei nicht bloß ausgesagt, dass ich sie geschlagen hätte. Sie sagte auch, dass ich sie zur Prostitution gezwungen habe. Dass ich das bei vielen Mädchen machen würde. Dass ich keine Steuern abführte.

Und so hatte die Polizei längst damit angefangen, den Laden und mich zu observieren. Und dann haben die rausgefunden, wie mein

Leben funktioniert. Dass ich viele verschiedene Frauen habe. Sie kommen und gehen und sie arbeiten für mich. Man hat angefangen, mein Telefon abzuhören. Hörte, dass ich auch mal aggressiv wurde. Dass ich die Mädels anschreie. Oder ihnen auch tatsächlich mal eine Ohrfeige gab. Aber sie hielten still. Noch.

Ich hatte auch gar keinen Kopf, mir groß Gedanken darum zu machen, ob noch etwas passieren könnte. Ich hatte genug damit zu tun, mich um meine Mädchen zu kümmern. Sie waren nicht ganz einfach. Sie brauchten jede Menge Aufmerksamkeit. Und man konnte sie auch nicht so wirklich alleine lassen. Einige waren wirklich blöd. Ich meine, sie waren wirklich, wirklich blöd. Zum Beispiel Verena. Ich mochte Verena. Sie war ein hübsches Mädchen, mit langen blonden Haaren und blauen Augen. Die Freier liebten sie. Sie war ein liebes Mädchen. Aber der liebe Gott hat sie so sehr mit einer schönen Hülle gesegnet, dass er vergessen hat, sie mit Verstand zu füllen. Verena hat noch nie Wäsche gewaschen. Also erklärte ich es ihr.

»Schau mal, du trennst die weiße Wäsche von der schwarzen Wäsche von der bunten Wäsche. Und du wäscht alles einzeln. Verstehst du?«

»Ja.«

Dann zeigte ich ihr, wie man die Waschmaschine bedient. Weil Verena aber nun einmal Verena war, demonstrierte ich es ihr zur Sicherheit noch einmal.

»Und vorher trennst du die Wäsche. Verstehst du?«

»Ich verstehe«, sagte sie und kicherte.

»Weiße Wäsche zu weißer Wäsche. Schwarze Wäsche zu schwarzer Wäsche …«

»… und bunte Wäsche zu bunter Wäsche.«

»Das ist wichtig, weil die Klamotten sonst kaputtgehen, okay?«

»Oh …«

»Ja, oh …«

Jedes Mal, wenn ich mit dem Mädchen sprach, bildete sich meine Intelligenz ein Stück zurück. Ich hatte das Gefühl, ich wurde dümmer und dümmer, weil ich gezwungen war, mit ihr wie ein Kind zu sprechen.

Ich beobachtete Verena eine Weile, sah ihr zu, wie sie drei Wäscheberge aufstapelte und machte mich dann auf den Weg mit einem der anderen Mädels, einen Freier zu besuchen.

»Du kriegst das hin, oder?«

Sie antwortete nicht, weil sie sich zu sehr darauf konzentrieren musste, die Wäsche zu trennen.

Irgendwann rief sie mich. »Fertig«.

»Okay, dann können wir die Wäsche jetzt anmachen, Verena?«

»Ja.«

»Da ist nur weiße Wäsche drin?«

»Ja.«

»Du bist dir sicher?«

»Ja.«

»Ich muss nicht nachgucken?«

»Nein.«

Ich schüttelte den Kopf, schaltete die Maschine an und verließ die Wohnung. Als ich abends nach Hause kam, räumte ich die Waschmaschine aus. Das war meine Schuld, dachte ich. Ich hatte Verena zwar erklärt, wie sie die Wäsche waschen muss, aber ich hatte ihr nicht erklärt, wie es danach weiterging. Dass man die Waschmaschine vorher ausräumen musste, die Wäsche aufhängen und trocknen … Auf diesem Level bewegten wir uns.

Als ich die Maschine öffnete, stieg mein Puls. Die komplette Weißwäsche war rot gefärbt.

»Neeeeein«, fluchte ich. »Meine neuen Sachen! Meine neuen, weißen Designer-Shirts. Wie kann das sein?«

Ich fischte alles raus. Und fand einen langen roten Strumpf in der Wäsche.

»Verena!«, schrie ich.

Sie kam sofort angedackelt.

»Schau dir das an.«

Sie schaute auf den rosanen Wäscheberg. Dann schaute sie mich an. Ich konnte die Fragezeichen in ihrem Kopf förmlich sehen.

»Warum hast du den roten Strumpf in die Wäsche getan?«

»Oh«, sagte sie. »Ich weiß nicht.«

Ich hatte es ihr zehn Mal erklärt. Zehn Mal. Wie konnte das bloß sein?

»Du darfst nicht so streng zu uns sein«, sagte Verena zu mir.

»Streng?«

»Ja, du bist sehr streng bei den kleinsten Fehlern, Ewa. Das ist gemein. Du musst uns die Sachen einfach besser erklären.«

»Ich …« Nein, ich wusste wirklich nicht, was ich darauf noch sagen sollte.

»Weißt du, Ewa, du hast ja irgendwie auch die Verantwortung für uns.«

Ich zuckte kurz zusammen, als ich diesen Satz hörte.

»Nein«, hielt ich dagegen. »Ich trage nur die Verantwortung für mich selbst.«

»Nein, nein, Ewa. Das tust du schon lange nicht mehr. Du bist für uns mitverantwortlich, darum sind wir ja bei dir.«

Dann ging sie und ich bekam auf einmal fürchterliche Kopfschmerzen. Irgendwo hatte ich das doch schon einmal gehört? Ich konnte mich nicht erinnern. Aber der stechende Schmerz zog sich durch meinen ganzen Körper. Ich musste mich hinlegen.

Verena war nicht mein einziges Problemmädchen. Da war auch noch Kristin. Auch sie war ziemlich dumm.

Ich hielt es kaum aus. Ich kaufte den beiden ein iPad und lud die App »Gehirntraining« runter. Ich zwang sie dazu, täglich fünfzehn Minuten zu trainieren. Ich wusste nicht, wie ich sonst mit ihnen umgehen sollte.

Sie mussten mir jeden Abend ihre Ergebnisse präsentieren. Sie wurden aber nicht besser. Ich glaube, ihr IQ lag unter dem Mindest-IQ, der notwendig gewesen wäre, um die App überhaupt nutzen zu können.

Trotz kleinerer Streitereien waren wir aber eine eingeschworene Clique. Wir lebten zusammen. Wir arbeiteten zusammen. Und wir gingen zusammen weg. Als der Sommer kam, nahmen wir uns vor, wieder ein bisschen mehr Fitness zu machen. Wir gingen jeden Tag zusammen ins Fitnessstudio, wir kauften uns Eiweiß-Shakes, wir wollten scharf aussehen. So wie unsere Idole bei Instagram, die ganzen, geilen Fotos, die wir likten, von Kim Kardashian und Co.

Die Einzige, die nicht mitmachte, war Kristin. Sie hatte auch so einen perfekten Körper. Sie konnte essen, was sie wollte – und es hatte keine Auswirkung auf sie.

Während wir also Salate und Früchte aßen, machte sie sich eine Pizza. Sie aß die Hälfte und schmiss den Rest weg. Als ich abends in die Küche kam, sah ich, wie Kristin über dem Mülleimer stand und die weggeworfenen Pizzastücke rauskramte.

»Alter, was machst du da?«, schrie ich sie an.

»Ich hatte sooooo Hunger«, sagte sie und schaute mich mit großen Augen an.

»Willst du mich verarschen? Du holst Pizza aus dem Müll? Du frisst aus dem Müll? Was ist los mit dir?«

Ich war so wütend. Meine Güte. Da hatten wir Ayran reingeschüttet, da waren Zigaretten und Tampons drin. Und die hat davon gegessen. Ich gab ihr eine Ohrfeige. Ich hielt die Blödheit einfach nicht mehr aus.

Sie war wie ein dummes, kleines Kind.

Ich war froh, dass ich die Gelegenheit hatte, ein paar Tage rauszukommen. Weg von meinen Mädchen. Denn ich sollte nach Dortmund fahren und dort mit Mike mein neues Album vorbereiten und einspielen. Es sollte Aywa heißen. Mein zweites Album als Schwesta Ewa. Meine Karriere als Rapperin nahm langsam Fahrt auf. Ich hätte nie gedacht, dass ich mit Musik einmal Geld verdienen könnte, aber so langsam war ich wirklich auf einem guten Weg. Vielleicht schaffte ich es ja wirklich, die ganze illegale Scheiße irgendwann einmal hinter mir zu lassen.

Trotz der Eskapaden mit meinen Mädchen schaute ich doch zum ersten Mal seit langer Zeit wieder positiv in die Zukunft. Ich hatte das Gefühl, dass alles auf einem guten Weg war. Ich hatte einen Freund. Ich hatte ein laufendes Business.

Ich hatte Zukunftspläne. Eine Perspektive. Etwas, wonach ich mein Leben lang gesucht habe. Und ich wollte diese positive Grundstimmung auf meinem neuen Album einfangen. Wir hatten noch nicht wirklich mit den Arbeiten begonnen. Es gab ein paar Skizzen, ein paar Beats. Aber der Großteil der Arbeit lag noch vor uns. Ich war erst am Vorabend angekommen und den haben wir genutzt, um mit ein paar Freunden auf dem riesigen Grundstück zu grillen. Wir haben bis spät in die Nacht hinein eine große Party gefeiert. Haben getrunken, gekifft und laute Musik gehört. Es waren die letzten Tage eines heißen Sommers. Das Wetter war noch immer verdammt gut und ich kam spät ins Bett. Zu spät. Es war eine verdammt kurze Nacht.

Ich lag also im Gästezimmer von Micha, als ich von einem lauten, einem dumpfen Pochen geweckt wurde. Zuerst dachte ich, ich bilde mir das ein. Aber es hörte nicht auf. Verdammt, dachte ich und schaute auf den Wecker. 5 Uhr. Was zum Teufel ist das für ein penetrantes Geräusch? Waren das etwa die Bauarbeiter? Mike erwähnte sowas. Irgendwas sollte in seinem Flur umgebaut werden, aber meine Güte, müssen die das um 5 Uhr morgens machen? Richtig unnötig. Ich dachte für einen kurzen Moment darüber nach, rauszugehen und den Jungs eine Ansage zu machen. Aber der Restalkohol hielt mich davon ab. Ich drehte mich um und zog mir das Kissen über den Kopf. Aber das Geräusch hörte nicht auf. Und es wurde immer lauter. PCHH, PCHH, PCHH.

Ich schloss die Augen und versuchte wieder einzuschlafen. Versuchte mich auf etwas anderes zu konzentrieren.

PCHH, PCHH, PCHHH.

Dachte an das Album, das bald kommen würde, an die Beats, an …

PCHHHHH!

Ein lauter Knall. Ich schreckte hoch. Und dann standen plötzlich zwölf maskierte und uniformierte Typen in meinem Zimmer.

»Runter, runter, runter!«, schrien sie mich an. »Auf den Bauch legen, Hände hinter den Kopf!«

Ich war auf einen Schlag hellwach, der Restalkohol komplett verflogen.

»Was ist los?«, fragte ich. »Was geht ab?«

Die Kerle hatten Maschinenpistolen in der Hand, dunkelblaue Uniformen und Schutzwesten. Fuck, dachte ich. Das sind gar keine Bauarbeiter. Das sind Kripos. Ein Sondereinsatzkommando. Die Kerle hatten ein Flutlicht dabei, mit dem sie mir in die Augen leuchteten.

»Baaah, Mann! Mach das aus!«, schrie ich sie an. »Ich werde ja blind.«

Noch während ich das sagte, kam einer der SEK-Typen an mein Bett gelaufen und drückte meinen Kopf in die Kissen.

»Aller, bist du behindert?«, schrie ich. Ich dachte, ich wäre im falschen Film.

Ein zweiter Kerl sprang von hinten auf mich drauf und legte mir Handschellen an.

»Wollt ihr mich verarschen?«, schrie ich. »Ich bin doch keine Terroristin!«

Aber die Typen antworteten nicht. Schrien nur irgendwelche Begriffe in den Raum.

»Alles gesichert!«

»C43 alles klar!«

Ich verstand nichts. Mann, warum schreien die Kerle denn bei SEK-Einsätzen immer so rum? Das war genau wie in den schlechten Hollywood-Filmen. Wenn ihr euch nicht versteht, dann zieht doch einfach eure überdimensionalen Helme ab und redet normal miteinander. Aber ich war wohl gerade nicht in der Position, darüber mit den Kerlen zu debattieren. Ich lag auf meinem Bett, zwei Kerle auf meinem Rücken und zwei Typen vor mir, die ihre Waffen direkt auf meinen Kopf richteten.

»Seid ihr nicht ganz dicht«, schrie ich sie an. »Hier liegt eine nackte, mit Handschellen fixierte Nutte auf dem Bett – was haltet ihr mir eure Waffen ins Gesicht. Was soll ich denn machen?«

Aber statt mir zu antworten, rissen sie mich nur hoch.

»Jungs, kann ich mir vielleicht irgendwas anziehen? Bitte!«

Als sie sich vergewissert hatten, dass ich nirgendwo irgendwelche Tretminen oder Sprengfallen angebracht hatte, dass der Raum also wirklich, ganz wirklich, absolut sicher war, schmissen sie mir einen Bademantel über und führten mich ab. Keiner sprach mit mir. Ich hatte noch immer keine Ahnung was los war.

Als wir durch den großen, langen Flur liefen, kam uns Mike entgegen.

»Ewa, was hast du gemacht?«

»Wie, was habe ich gemacht? Ich werde hier gerade abgeführt, Kollege. Was hast du gemacht?«

Ich war mir komplett sicher, dass das Ganze nur ein Missverständnis sein konnte. Dass die Typen mich verwechselten. Oder dass ich nur ein zufälliges Opfer war. Dass es eigentlich um Mike ging. Was könnte er nur angestellt haben? Hatte er vielleicht Drogen in seiner Riesenvilla gebunkert oder hatte er … oh. In dem Moment fiel mir etwas ein. Janina. Verdammt. *Die* Sache.

EPILOG

»Aufstehen!«

Irgendjemand schlug mit einer Eisenkelle an die massive Zellentür. Wieder und wieder. Ich öffnete die Augen. Orientierte mich kurz.

Ein Wärter schloss die Türe auf. »Mach dich fertig, in fünf Minuten geht es los.«

Ich war sofort hellwach.

»Moment«, sagte ich. »Was, fünf Minuten?«

»Du hast heute Prozesstag.«

»Was, fünf Minuten? Wieso holt ihr mich jetzt erst? Was ist mit duschen?«

»Nix duschen«, sagte der Typ, drehte sich um und schloss die Türe wieder hinter sich zu.

Ich schluckte meine Wut runter. So ging es mir seit sieben Monaten. Die Wärter hatten einen Spaß daran, mich zu schikanieren. Sie nutzten jede Chance dazu. Dieser Knast war die Hölle. Und ich hatte nicht viel Hoffnung, dass es besser werden könnte. Ich wurde in den vergangenen Wochen dreimal auf eine neue Station verlegt. Das hat mich fertiggemacht. Immer wenn ich mich gerade eingewöhnt hatte, wurde ich wieder aus meinem Knast-Umfeld rausgerissen. Die anderen Insassen der JVA mochten mich. Ich bekam in meiner Zelle ständig Besuch, so dass man sie schon Café Malanda nannte. Die anderen Mädels spürten, dass ich sie ernst nahm, dass ich versuchte, ihnen zu helfen, wenn ich helfen konnte. Bei Übersetzungen oder beim Aufsetzen von irgendwelchen Schriftsätzen. Ich hatte mich in den letzten Jahren ja organisatorisch ziemlich bewiesen und das konnte ich hier weitergeben.

Außerdem hatte ich immer Zigaretten, etwas Süßes oder einen Haufen Briefmarken am Start und ich war einfach immer schon ein Mensch, der gerne abgibt. Sobald ich mich aber auf meiner Station eingewöhnt hatte und Freundschaften schließen konnte, riss man mich wieder raus. Diese Form der Schikane war für mich viel schlimmer als der eigentliche Freiheitsentzug. Weil es einen seelisch fickt.

Eine Frau im Knast werde ich nie vergessen. Im Knast machte auf einmal das Gerücht die Runde, ich hätte vier zehnjährige Mädchen aus Polen geholt und zur Prostitution gezwungen. Das gefiel der Einen oder Anderen natürlich nicht. Und jede dichtete noch etwas hinzu. Das musste ich klarstellen. Im Hofgang, bei dem alle Frauen zusammenkamen, schnappte ich mir schließlich das Plappermaul mit der größten Fantasie und stellt sie zur Rede. Ich schüttelte sie und schrie sie an. Allerdings hatte sie einige Verbündete, die sich demonstrativ vor mir aufbauten und klarmachten, dass sie auf ihrer Seite standen. Niemand setzte ich für mich ein – außer Monika, die ich nicht mal kannte. Sie stand auf und brüllte in gebrochenem Deutsch auf die Anderen ein, die sich schließlich wieder beruhigten. Monika hatte wohl etwas zu sagen. Das war mein Glück. Monika saß wegen zweihundertfachem Autodiebstahl. Typisch polin, ha ha! Ich versprach ihr, dass ich sie auslöse, sobald ich wieder draußen bin. 1800 Euro Strafe waren noch offen. Der Vater ihrer Kinder war ein Libanese, der selbst im Knast saß. Die Kinder lebten im Heim, eines ihrer Kinder wurde während ihrer Haftstrafe sogar vergewaltigt. Als Dankeschön, dass sie sich für mich eingesetzt hatte, wollte ich ihr ihre Freiheit zurückgeben. Sie versprach mir, dass sie keine Drogen mehr nehmen und ihre Kinder zu sich zurückholen würde. Nachdem ich entlassen wurde, hielt ich mein Versprechen und löste sie mit meinem letzten Geld aus. Gerade mal 13,50 Euro hatte ich danach noch in der Tasche und kaufte mir YumYum-Nudelsuppen, Toastbrot, Käse, Wurst und Remoulade. Davon ernährte ich mich die ersten Tage. Monika kam frei, ging nach Hause und starb drei Monate später an einem Golden Schuss. Ich bereue es, dass ich sie aus dem Knast geholt habe. Sie könnte noch am Leben sein. Einen Tag bevor sie starb, hatte sie mir noch eine Sprachnachricht geschickt. Ich hörte sie jedoch erst, als sie bereits tot war: »Ewa, ich danke dir für alles, was du für mich gemacht hast. Das hat noch niemand für mich gemacht, nicht einmal meine Mutter. Ich liebe dich so sehr.« Danach musste sie sich den Schuss verpasst haben, der zu ihrem Tod führte.

Ich zuckte mit den Schultern, zog mir die Jeans, die Bluse und den Blazer über, den sie mir hingelegt hatten. Dann setzte ich mich auf mein Bett und wartete. Seit drei Monaten war ich in dieser Zelle. Seit drei Monaten hatte ich meine Hoffnung auf eine Zukunft, auf ein besseres Leben begraben. Vier Jahre und drei Monate Haft forderte die Staatsanwaltschaft.

Wegen Menschenhandel, Körperverletzung, Nötigung und Zuhälterei. Ich hatte versucht, alles zu erklären. Habe vor Gericht alles erzählt, alles offengelegt.

Ja, verdammt. Ich habe Mädchen gehabt. In meinen Augen war das keine Zuhälterei, sondern Management. Aber klar, ich verstehe, dass man es auch anders sehen kann. Dass das Gericht es vielleicht auch anders sehen musste. Aber Nötigung? Kein einziges der Mädchen, die bei mir war, wurde gezwungen, das zu tun, was sie getan hat. Im Gegenteil. Sie sind doch alle zu mir gekommen. Sie haben mich doch gebeten, dass ich ihnen helfe. Sie haben in meiner Wohnung gewohnt. Sie haben von meinem Essen gegessen. Sie haben durch mich so viel Geld verdient wie nie zuvor. Und dennoch: Als das SEK das Studio stürmte und mich festnahm, da wurden auch die Mädchen festgenommen. Und dermaßen unter Druck gesetzt, dass sie gegen mich aussagten. Sie hatten wahrscheinlich zu viel Angst. Keine Ahnung. Ich konnte es nicht wirklich verstehen.

Während der letzten Verhandlungstage sind dann aber doch einige wieder eingeknickt. Vor Gericht haben sie sich dann besonnen und die Wahrheit gesagt. Es war ja auch absurd. Jedes einzelne Mädchen war ja bis zu dem Zeitpunkt noch immer eine Nutte. Wenn ich sie tatsächlich gezwungen habe, warum sind sie denn dann heute immer noch Huren?

Das machte überhaupt keinen Sinn. Ich hatte wirklich alles versucht, um dem Gericht die Realität zu schildern. Klarzumachen, was wirklich Sache war. Ich gab der Richterin sogar die Zugangsdaten zu meinem Facebook-Account. Damit sie sehen kann, dass die Frauen, die mich heute beschuldigten, die Frauen waren, die mich damals gefragt hatten, ob sie nicht für mich arbeiten konnten. Die Mädchen kamen zu mir. Nicht ich zu ihnen.

Ein Wärter holte mich ab und setzte mich in einen Polizeiwagen. Dann fuhren wir zum Landgericht Frankfurt. Der Saal war voll. Alle waren sie da. Im Publikum saß mein gesamtes Label. Giwar war da, SSIO, Sohail, Al-Gear, der zu einem echten Freund geworden ist, sowie meine Familie. Mein Freund Savas. Der Mann, den ich über alles liebte. Und dann waren da noch einige Nutten aus meiner alten Rotlichtzeit. Alte Wegbegleiterinnen, die ich seit Jahren nicht mehr gesehen hatte. Außerdem: jede Menge Journalisten. Sie fotografierten mich bei jedem einzelnen Schritt, den ich tat. Ich schämte mich. Ich war nicht geduscht, nicht geschminkt, meine Haare waren fettig. Ich muss fürchterlich ausgesehen haben. Aber eigentlich hatte ich ganz andere Sorgen. Ganz andere Ängste. Vier Jahre und drei Monate Haft hatte die Staatsanwaltschaft gefordert. Wenn sie damit durchkommen würden, müsste ich aus Deutschland raus. Ich würde wegen des besonders schweren Vergehens nach Polen ausgewiesen werden. Hauptsache, nichts über drei Jahre, sagte mir mein Anwalt. Dann sei alles gut.

Alles gut. Nichts war gut. Ich hatte überhaupt keine Perspektive mehr für mein Leben. Alles lag in Trümmern. So oder so. Ich setzte mich auf die Anklagebank. Der Richter stand auf zur Urteilsverkündung. Man konnte die Spannung in der Luft überdeutlich spüren. Dann las sie das Urteil vor.

»Den Vorwurf der Zuhälterei und des Menschenhandels sieht das Gericht als nicht erwiesen an«, sagte sie.

Ich atmete tief durch.

Allerdings waren da noch die Steuersachen und die Körperverletzung. Die Polizei hatte Aufnahmen vorgespielt, in denen deutlich zu hören war, dass ich einem der Mädchen eine schallerte. Aus der Nummer kam ich nicht raus. Aber das wollte ich auch gar nicht. Ich hatte von Anfang an vor Gericht mit offenen Karten gespielt und wollte einfach nur eine gerechte Strafe bekommen. Ich wusste, dass ich für die Dinge büßen muss, die ich verbrochen habe, und das war in Ordnung, denn jeder bekommt irgendwann seine Rechnung.

Dadurch, dass ich unsere Einnahmen nicht versteuert hatte, berechnete das Gericht eine Schadenssumme von rund sechzigtausend Euro. Zwar zahlte ich den vollen Betrag schon während meiner Inhaftierung zurück. Aber rechtlich war das kein Kavaliersdelikt mehr.

»Und so«, schloss die Richterin, »verurteilen wir Frau Ewa Malanda zu einer Haftstrafe von zwei Jahren und sechs Monaten.

Ich schluckte. Zweieinhalb Jahre Knast. Was für ein Albtraum. Mein Anwalt klopfte mir auf die Schulter. »Wenigstens keine drei Jahre.« Das war eine wichtige Zahl, denn wäre ich zu drei Jahren verurteilt worden, dann hätte man mich nach Polen ausgewiesen.

»Jaja«, sagte ich.

Giwar kam und nahm mich in den Arm. »Mach dir nichts draus, Knast ist Promo. Wenn du rauskommst, wirst du von der Musik alleine leben können.«

»Jaja«, sagte ich.

Und dann kam meine Mutter. Sie war alt geworden. Sie sah aus wie ein bunter Papagei. Hatte ein grünes Kopftuch auf ein knallbuntes Kleid an. Ein polnischer Paradiesvogel.

»Du schaffst das schon«, sagte Mama.

Sie hatte Tränen in den Augen. So habe ich sie noch nie gesehen. Es war vielleicht das erste Mal in meinem Leben, dass sie mir gegenüber wirklich Gefühle zeigte.

»Ja, Mama«, antwortete ich. »Ich schaffe das.«

Ich hatte es ja immer irgendwie geschafft.

Nachdem das Urteil gesprochen wurde, konnte ich das Gerichtsgebäude durch einen Hinterausgang verlassen. Savas fuhr mit seinem Auto vor, meine drei Anwälte und ich sprangen rein und beobachteten die Journalisten, die auf der Straße standen und nach uns suchten. Wie die Geier hielten sie ihre Fotokameras bereit, um uns abzuschießen. Ich ließ mich in den Rücksitz fallen und atmete erst einmal durch. Geschafft. Ich schloss meine Augen und versuchte zu realisieren, dass ich jetzt nicht mehr in meine Zelle zurück musste. Zumindest vorerst nicht. Ich würde mindestens zwei Monate Haftschonung haben, bevor das Urteil vollstreckte werden würde. Ich war frei. Frei auf Zeit.

»So, jetzt werden wir erst mal ordentlich feiern«, sagte Savas und lächelte mich an. Er lenkte den Wagen durch die kleinen Seitenstraßen direkt zu meinem Lieblingsrestaurant. Meine Anwälte sprachen die ganze Fahrt über kein Wort. Obwohl alles zumindest für diesen einen Moment gut war, war ich ich trotzdem angespannt. Im Restaurant ließen wir uns an den besten Tisch bringen und ich setzte mich mit dem Rücken zur Wand.

»Jetzt guck doch nicht so traurig!«, sagte Savas und strich mir übers Gesicht. »Du bist frei. Genieß es.«

Ja, ich war frei, aber alles fühlte sich so fremd an. Die vielen Menschen um mich herum machten mich nervös. Ich hatte das Gefühl, sie würden mich alle anstarren. Ich hatte das Gefühl, ihre Gespräche würden sich nur um mich drehen. Ich beobachtete die Kellner, wie sie von Tisch zu Tisch gingen und den Leuten ihre Bestellungen brachten. Ich hörte die Gläser, die abgestellt wurden, die vielen Gesprächen, das laute Lachen. Es fühlte sich an, als würde das alles in Slow Motion passieren, es war eine völlige Reizüberflutung.

»Ewa, ist alles okay?«, fragte mich mein Anwalt.

»Ja, ja … alles in Ordnung«, sagte ich und fing mich wieder. Ich nahm die Karte und blätterte darin. Aber die Auswahl überforderte mich. Verdammt. Ich war einfach zu lange im Knast.

»Bestell du einfach was für mich«, sagte ich zu Savas und ging kurz auf die Toiletten, um mich ein wenig frisch zu machen. Mensch, Ewa, komm klar, sprach ich mir gut zu, als ich mir kaltes Wasser über mein Gesicht laufen ließ. Was ist denn nur los mit dir? Die ganze Zeit über wolltest du nichts anderes, als frei zu sein, und jetzt kommst du damit nicht klar? Reiß dich zusammen!

Ich ging zurück an unseren Tisch und versuchte auf die Situation klarzukommen.

»Komisches Gefühl, oder?«, fragte mich einer meiner Anwälte. »Das ist ganz normal. Sie waren lange in Haft. Man muss sich erst wieder an das Leben gewöhnen.«

Sich wieder an das Leben gewöhnen. Das war ein schöner und ein trauriger Gedanke zugleich. Aber hatte ich mich eigentlich jemals an mein Leben gewöhnt?

»… Und was ihr Urteil angeht«, setzte der Anwalt nach. »Das werden wir in jedem Fall noch anfechten, wir ziehen damit vor den Bundesgerichtshof.«

Ich nickte.

»Wir reden jetzt nicht mehr über Gericht und Gefängnis. Zumindest heute nicht mehr«, mischte sich Savas ein und orderte eine Flasche Champagner. Wir prosteten uns zu und tranken: Auf die Freiheit.

Ich atmete tief durch, als Savas und ich wieder in unserer Wohnung waren. Endlich Ruhe! Endlich keine Menschen mehr um uns herum. Ich schloss die Haustür hinter mir zu und schmiss mich zu Savas aufs Bett und küsste ihn. Aber ich hatte das Gefühl, dass er abblockte.

»Was ist mit dir?«, fragte ich ihn. »Freust du dich nicht, dass wir endlich wieder alleine sind?«

»Doch, natürlich!«

Gerade hatte ich mich nach dem Essen wieder etwas gefangen und war etwas besser drauf, da verhielt er sich auf einmal merkwürdig.

»Du bist komisch …«

»Komisch? Wieso das denn? Ich bin einfach nur müde, es war ein superlanger Tag heute …«

»Ne, ne, ne …« Ich schaute ihn an. »Ich kenne dich doch. Was ist los? Sag schon!«

»Nichts, Ewa … wirklich!«

»Hast du eine Andere?«, fragte ich ihn direkt. »Hast du eine Andere kennengelernt, als ich im Knast war?«

»Ach Mann, Ewa. Du bist seit ein paar Stunden aus dem Knast und fängst direkt wieder mit deiner Eifersuchtstour an, du bist echt unglaublich …«

Aber irgendetwas war da. Ich spürte es.

»Hey«, sagte Savas und zog eine kleine Tüte aus dem Nachtschränkchen. »Ich habe hier noch etwas für dich.«

Ein neues Handy! Okay, damit war ich zumindest für einen kleinen Moment befriedet. Ich reaktivierte sofort sämtliche Social-Media Accounts und postete überall, dass ich für mindestens zwei Monate auf freiem Fuß war. Es dauerte nicht lange und mein Postfach explodierte. Ich bekam wahnsinnig viele Nachrichten. Von Leuten, die sich einfach für mich freuten, von Leuten, die mir den Tod wünschten – und von so einigen alten Bekannten, die mir immer dasselbe schrieben: Ich solle auf Savas aufpassen. Er spiele nicht mit offenen Karten. Ich verstand zunächst nicht, was die Leute mir sagen wollten. Und bohrte nach. Stück für Stück erfuhr ich, das Savas mich in der Zeit, in der ich im Knast war, mit meinen ehemaligen Mädchen betrogen haben soll. Ich konnte es nicht fassen. Ich wollte es auch nicht glauben. Aber war er nicht tatsächlich so anders? So abweisend? Ich stellte ihn zur Rede, aber er leugnete alles.

»Ach, glaub denen doch nicht! Ist doch klar, dass die uns jetzt auseinanderbringen wollen. Die wollen deinen Kopf ficken, Ewa.«

Ich war zerrissen. Hätte Savas mir das wirklich antun können? Der Savas, der fast täglich an der Knastmauer stand, um mir zuzuwinken, der an Silvester extra die schönsten Raketen gekauft hatte, um sie für mich stundenlang vor meinem Zellengitterfenster aufsteigen zu lassen? Der acht Monate lang quasi im Stundentakt mit den Anwälten für mich gekämpft hatte, der mich jetzt auch finanziell auffing und von dem ich in den letzten zehn Jahre gedacht hatte, dass ich ihn besser kenne als mich selbst? Ja, er konnte. Nach fünf Tagen gab er es zu. Wahrscheinlich weil er den Medien glaubte, die schrieben, dass man mich für die nächsten Jahre wegsperren würde, und darauf spekulierte, dass seine Affären verjährt sein würden, bis ich wieder draußen war.

Ich wusste, dass ich das nicht akzeptieren konnte. Ich schmiss ihn raus.

Und dann begann die schlimmste Zeit meines Lebens. Egal, was ich erlebt, gesehen oder durchgemacht hatte – nie zuvor habe ich mich so elendig gefühlt. Ich hatte gerade mal 13,50 Euro in der Tasche, wusste, dass ich demnächst irgendwann in den Knast gehen muss, und hatte die schlimmsten Depressionen, die man sich nur vorstellen kann. Ich lag den ganzen Tag von morgens bis abends in meinem Bett und starrte an die Decke. Ich hatte keine Motivation mehr aufzustehen. Keine Kraft mehr weiterzumachen. Wofür denn noch? Von dem Menschen, den ich am meisten auf der Welt geliebt hatte, so betrogen, so hintergangen zu werden, war das Schrecklichste, was ich je gefühlt habe. Ich spielte alle Szenarien durch. Vielleicht sollte ich einfach wieder Crack nehmen, um dieses ekelhafte Gefühl zu betäuben, vielleicht sollte ich mich einfach von einem Hochhaus schmeißen, und ich dachte sogar daran, mich selbst in eine Psychiatrie einzuweisen, so fertig war ich. Aber ich hatte keine Motivation mehr, irgendwas zu tun. Ich war sogar zu depressiv, um Drogen zu nehmen. Ich lag einfach nur da und wartete ab, dass die Tage vergingen, in der Hoffnung, dass es irgendwann besser werden würde. Aber es wurde nicht besser. Ich fühlte mich leer. Mutlos. Und dann war da ja noch die Gefängnisstrafe, die ich irgendwann absitzen musste. Nach und nach meldeten sich immer mehr Menschen bei mir, wo ich denn wäre, was mit mir los sei? Ich reagierte nicht. Und irgendwann schrieben mir auch meine ehemaligen Mädchen, die damals vor Gericht gelogen hatten, um mich reinzureiten. Sie entschuldigten sich bei mir. Ich antwortete ihnen knapp. Das Urteil würde ja noch einmal von dem Bundesgerichtshof nachverhandelt werden. Ich wollte es mir mit ihnen nicht verscherzen, sollten sie nochmals als Zeugen antreten müssen. Damals wurden sie wohl so sehr unter Druck gesetzt, dass sie gar nicht anders konnten, als schlecht über mich auszusagen, wenn sie ihre eigene Haut retten wollten. Aber eigentlich war es mir egal. Mir war alles egal.

»Ewa, können wir uns nicht noch mal treffen?«, schrieb mir eine meiner Ex-Nutten. Sie ging auch jetzt noch weiter fröhlich anschaffen, was die Staatsanwaltschaft zumindest bei dem Vorwurf, ich hätte sie zwangsprostituiert, hätte skeptisch machen müssen. Ich hatte keine Lust, mich mit ihr zu treffen. Sie war eine von den Schlampen, die etwas mit Savas hatte. Aber ich dachte auch an meinen neuen Prozess. Ich durfte es mir nicht mit ihr verscherzen. Ich brauchte ihre Aussage. Scheiß drauf.

Ich schrieb ihr und sie organisierte uns VIP-Tickets für irgendeine Party.

»Und der hier ist unser Fahrer«, schrieb sie mir fröhlich, als wäre nie etwas zwischen uns gewesen, als hätte sie nicht gleich zwei Mal mein Leben gefickt und sendete mir den Link zu einem Instagram-Profil. »Damit wir auch ordentlich trinken können.« Das Mädchen war sehr, sehr dumm, aber sie hatte eine pragmatische Seite. Ich schaute mir das Instagram-Profil an. Ein großer, gut gebauter Araber. Ich zuckte mit den Schultern.

»Hauptsache er kann Auto fahren«, antwortete ich. Denn ich hatte tatsächlich das Bedürfnis, mich zu betrinken. Und zwar ordentlich.

Am Wochenende holte er uns dann tatsächlich ab und fuhr uns von Club zu Club. Zum ersten Mal seit Wochen kam ich wieder aus dem Haus. Ich hatte mich ordentlich zurechtgemacht, Make-up aufgetragen und war halbwegs gut gelaunt. Es war merkwürdig wieder unter Menschen zu sein. Aber es tat mir gut.

»Hab das von deinem Prozess gehört«, sagte der Araber und schaute mich über den Rückspiegel an. »Krasse Sache.«

»Ja, ja«, antwortete ich. »Kein gutes Thema heute.«

»Ah, sorry«, fing er sich. »Du siehst sehr gut aus so. Besser noch als im Fernsehen.«

Das war ziemlich billig, aber nach der ganzen Zeit im Knast, nach der Sache mit Savas, nach den Depressionen, die mich fertigmachten, da freute ich mich einfach darüber, ein Kompliment zu bekommen. Und dann noch von einem Typen, der nicht nur gut aussah, sondern auch noch ein wenig jünger war als ich. Da ich sowieso keine Lust auf die Party hatte und mehr aus Zwang mitging, machte ich mir wenigstens selbst eine Freude, indem ich auf seinen Flirt einging. Unser Fahrer, stellte ich schnell fest, war ein ziemlich cooler Typ. Wir lagen auf derselben Wellenlänge. Und sahen uns von diesem Tag an regelmäßig. Irgendwann, nach ein paar Monaten, waren wir eine Art unausgesprochenes Paar. Wir hingen ständig aufeinander, fuhren gemeinsam in den Urlaub und er schaffte es auch, mich aus meiner Depression herauszuholen. Ich fühlte, wie es mir von Tag zu Tag besser ging. Einfach nur, in dem ich Zeit mit ihm verbrachte. Und dennoch belastete mich etwas. Das Urteil vom Bundesgerichtshof stand immer noch aus. Würde man meine Strafe noch einmal herunterschrauben? Wann müsste ich ins Gefängnis? Ich rechnete jeden Tag damit, einen entsprechenden Brief zu bekommen. Aber er kam und kam nicht. Das machte mich fertig.

Ich fühlte mich in dieser Zeit oftmals unwohl. Fast jeden Morgen war mir schlecht und ich hatte immer wieder Schwindelanfälle. Zuerst dachte ich, es wäre etwas Psychologisches. Aber da es nicht aufhörte, ging ich irgendwann zum Arzt – und der eröffnete mir, dass ich schwanger sei.

Von meinem neuen Freund.

Ich ließ mich tief in den Sessel fallen. »Können wir es noch abtreiben?«, fragte ich intuitiv. In der Vergangenheit hatte ich bereits zwei Mal abgetrieben. Es war für mich keine große Sache.

Doch der Arzt redete auf mich ein. Er sagte, dass es sein könne, dass ich nach der dritten Abtreibung kein Kind mehr bekommen kann. Dass auch meine biologische Uhr tickt. Ich solle noch einmal in Ruhe darüber nachdenken, bevor ich eine solche Entscheidung treffe.

Ein Kind bekommen? Das war für mich undenkbar. Ich hatte doch nicht mal mein eigenes Leben im Griff. Wie sollte ich dann Verantwortung für ein anderes Wesen übernehmen. Aber je länger ich darüber nachdachte, desto mehr freundete ich mich mit dem Gedanken an. Vielleicht wäre das doch ein richtiger Schritt? Vielleicht ist jetzt die Zeit gekommen, umzudenken?

Zu Leben bedeutet mehr Träume zu haben, als die Realität zerstören kann. Die Realität hat sehr viele meiner Träume zerstört und dennoch habe ich Dinge überstanden, von denen ich nie gedacht hätte, dass ein Mensch sie überstehen kann. Vielleicht, dachte ich, kann ich meinem Kind ein Leben ermöglichen, das besser verläuft als meines? Vielleicht kann ich es besser beschützen, weil ich die Schattenseiten kennengelernt habe, weil ich weiß, zu was Menschen fähig sind. Vielleicht habe ich die unerwartete Chance bekommen, dafür Sorge tragen zu dürfen, ein Menschenleben zu beeinflussen und zu prägen. Und aus diesen Gründen entschied ich mich dazu, mein Kind zu behalten. Ich nahm mir vor, mich radikal zu verändern, damit mein Kind es einmal besser haben wird als ich. Und dann bekam ich meine kleine Jeyla Aaliyah. Sieben Wochen kam sie zu früh auf die Welt. Eine kritische Situation, aber sie hat es überlebt. Da wusste ich, dass sie eine Kämpferin werden wird. Wie ihre Mutter.

Meine Tochter bedeutet mir alles. Sie ist das Beste, was mir passiert ist. Weil es sie gibt, habe ich die ganze Scheiße der letzten Jahre hinter mich gelassen. Weil es sie gibt, spielen Drogen keine Rolle mehr für mich. Sie hat mir das Leben gerettet. Und ich hoffe – und ich werde alles dafür tun –, dass in ihrem Fall der sprichwörtliche Apfel ganz weit weg vom Stamm fällt. Ich möchte die beste Mutter für sie sein, die es gibt, und auch wenn es in der Vergangenheit nicht der Fall war, möchte ich ab jetzt ein gutes Vorbild für sie werden.

Am 1. Juni 2018 brachte sie ihr Album Aywa auf den Markt. Es sollte ihr bislang größter Erfolg werden.

Am 28. Februar 2019 wurde Ewa rechtskräftig zu 2 Jahren und 6 Monaten Haft verurteilt.

Demnächst tritt Ewa ihre Haftstrafe gemeinsam mit ihrer Tochter in einem Mutter-Kind-Gefängnis an.